Jesper Juul

5 Grundsteine für die Familie

Jesper Juul

5 Grundsteine für die Familie

Wie Erziehung funktioniert

Herausgegeben und eingeführt von
Mathias Voelchert

Unter Mitarbeit von
Knut Krüger

Kösel

Originalausgabe

Sollte diese Publikation Links auf Webseiten Dritter enthalten,
so übernehmen wir für deren Inhalte keine Haftung,
da wir uns diese nicht zu eigen machen, sondern lediglich auf
deren Stand zum Zeitpunkt der Erstveröffentlichung verweisen.

Aus dem Englischen übersetzt von Knut Krüger: Vorwort Seiten 9–11

Dieses Buch basiert auf fünf Vorträgen, die Jesper Juul im Mai 2009 in
Freiburg gehalten hat und die auf der DVD *5 Grundsteine für eine Familie*,
hrsg. 2009 von familylab.de – die familienwerkstatt, zusammengefasst
wurden.
Weitere Informationen zu Jesper Juul und familylab unter
www.familylab.de

Inhalt

Vorwort 9

Einleitung von Mathias Voelchert 13

1. Kooperation und Integrität 15
Einführung 15
Die Qualität der Beziehung 18
Verliebt zu sein ist keine Kunst 20
Kinder kooperieren 22
Kooperation und Konflikt 25
Spiegelgleiches und spiegelverkehrtes Kopieren 28
Neinsagen unterstützen 31
Ein menschliches Grundbedürfnis 34
Gemeinsame Kooperation 37
Mit Eltern im Gespräch 38

2. Selbstvertrauen und Selbstgefühl 52
Einführung 52
Selbstgefühl ist nicht gleich Selbstvertrauen 54
Die beiden Dimensionen des Selbstgefühls 58
Zwang, Manipulation oder Eigenverantwortung? 60
Anerkennung als Schlüssel 61

Vitamine fürs Selbstvertrauen: Lob & Kritik	64
Eine persönliche Sprache für persönliche Grenzen	66
Was Kindern sowie unserer Beziehung zu ihnen schadet	68
Mit Eltern im Gespräch	71

3. Persönliche Verantwortung 78

Einführung	78
Verantwortung für das eigene Leben übernehmen	80
Existenzielles Glück und psychologisches Problem	82
Alternativen suchen, statt Gegensätze zu konstruieren	84
Gibt es ein Trotzalter?	87
Wann ist es Zeit, Verantwortung zu übergeben?	89
Verantwortung richtig übergeben	91
Sollen Jugendliche Pflichten haben?	92
Wie sich die Kompetenzen entwickeln	94
Mit Eltern im Gespräch	95

4. Die Kunst, Nein zu sagen 105

Einführung	105
Neinsagen ist wichtig	107
Eine Liebesbeziehung muss mit »Ja« anfangen!	108
Das schwierige »Nein«	110
Das unfreundliche »Nein«	111
Das intellektuelle »Nein«	113
Das persönliche »Nein«	114
Das maskuline und das feminine »Nein«	117
Der »gesunde« Konflikt	118
Wünsche und Bedürfnisse	120
Das erwachsene »Nein«	122
Mit Eltern im Gespräch	123

5. Eltern als Leuchttürme 131
Einführung 131
Kinder brauchen Führung 132
Welches Ziel soll meine Erziehung haben? 136
Wie elterliche Führung funktioniert 140
Persönliche Autorität und persönliche Sprache 143
Durch Kinder erwachsen werden 146
Mit Eltern im Gespräch 146

Literatur- und DVD-Hinweise 155

Vorwort

Wie Sie vermutlich bereits wissen, lassen sich Liebesbeziehungen nicht kontrollieren. Zwar gibt es Millionen von Partnerschaften, die uns als Vorbild oder Warnung dienen könnten, doch findet sich nun mal keine Gebrauchsanweisung, nach der man sich in puncto Partnerschaft und Kindererziehung richten könnte, um auf der sicheren Seite zu sein.

Es gibt keine Kniffe oder Strategien, um unseren Liebsten wirklich nahe zu sein. Wir können nur hoffen, dass im Wechsel zwischen Distanz und Nähe all die unumgänglichen Fehler und Konflikte uns im Laufe der Zeit ein wenig klüger machen. Nur wenn wir darauf verzichten, ständige Freude und Harmonie einzufordern, und wir so authentisch wie möglich sind, können unsere Kinder von uns lernen – nicht, wie eine »perfekte« Familie zu sein hat, aber wie einer von vielen Wegen aussehen kann, gemeinsam zu wachsen und ein gesundes Selbstgefühl aufzubauen.

Um dies zu erreichen, ist es eindeutig von Vorteil, die eigenen Träume, Erwartungen, Ängste und Wertvorstellungen mit seinem Partner zu teilen, statt Frustrationen, Enttäuschungen und Bitterkeit Raum zu geben.

Auch wenn wir unsere Partner noch so sehr lieben und am liebsten vier Kinder mit ihnen hätten, haben wir vielleicht ein mulmiges Gefühl, wenn wir uns selbst als zukünftigen Vater oder als zukünftige Mutter sehen. Vielleicht haben wir Angst, weil unsere Eltern schlechte Vorbilder waren oder weil wir fürchten, dann nicht mehr genug Zeit für Sport, Kunst oder unsere Freunde zu haben. Und können wir uns ganz sicher sein, dass unser Partner willens und in der Lage ist, all unsere Erwartungen zu erfüllen? Sind wir bereit, auch frühere Kinder unseres Partners aus vollem Herzen anzunehmen (was ja bedeutet, dass sich der gesamte Familienkreis erheblich ausweitet)?

Sich all diesen Fragen zu stellen und sie mit seinem Partner zu diskutieren, ist ein wertvoller Beitrag zur Beziehungspflege. Man muss dabei nicht immer unbedingt die Antworten kennen, solange die Fragen offen auf den Tisch kommen. Gegenseitiges Vertrauen wächst durch Vertrautheit, nicht durch Regeln oder Versprechungen.

In diesem Prozess lernen wir ebenso die eigenen wie die grundlegenden Wertvorstellungen unseres Partners kennen. Viele davon gehen auf unsere Ursprungsfamilien zurück. Manche möchte man bewahren, andere wiederum sich vom Hals schaffen. Und selbst wenn unser Partner unsere religiösen oder weltanschaulichen Ansichten teilt, sind Differenzen im täglichen Leben unvermeidlich. Und wir alle werden Eigenschaften an uns entdecken, von denen wir bisher nichts wussten, weil erst die Partnerschaft sie ans Tageslicht fördert.

Doch selbst wenn unsere Wertvorstellungen übereinstimmen, leiten wir daraus verschiedene Verhaltensweisen ab, was vermutlich die häufigste Quelle von Konflikten ist. Manchmal können wir diese lösen, indem wir unser Verhalten abstimmen, doch sehr oft ist dies unmöglich. Wenn das passiert, müssen wir uns vergegenwärtigen, dass Verhalten nie auf eine einzelne Person beschränkt bleibt, sondern sich erst in ihrer Wirkung auf andere definiert. Sie mögen vielleicht glauben, dass eine bestimmte Art von Konsequenz im Verhältnis zu Ihrem Kind wichtig ist. Wenn dieses Kind jedoch mit Angst oder Rückzug reagiert, ist es an der Zeit, die eigene Meinung zu überdenken.

Wertvorstellungen sind wichtig, weil sie unser Verhalten gegenüber anderen steuern. Außerdem wird es durch kulturelle und soziale Einflüsse beeinflusst, aber auch durch unsere emotionalen Erfahrungen, die wir in den ersten achtzehn Jahren unseres Lebens sammeln konnten. Oft geraten diese Werte und Erfahrungen miteinander in Konflikt. Und Sie werden selbst erleben, wie Sie etwas zu Ihren Kindern sagen, das Ihren eigenen Werten eigentlich vollkommen widerspricht. Was kein Grund ist, sich schuldig zu fühlen, sich selbst oder den Partner zu kritisieren. Es ist wie eine Tür, die Sie ganz öffnen können, um sich selbst besser kennenzulernen und das eigene Verhalten bei Bedarf entsprechend zu modifizieren.

All Ihre Konflikte, die Sie mit sich selbst oder innerhalb Ihrer Familie austragen, bieten Ihnen die Möglichkeit, neue Erfahrungen zu sammeln. Manche davon werden sich als wertvoll, einige andere als Zeitverschwendung herausstellen. Sich seine zentralen Wertvorstellungen bewusst zu machen, bedeutet auch, den Menschen dankbar zu sein, die einem diese Wertvorstellungen vermittelt haben. Es hilft außerdem dabei, sich selbst und anderen zu vergeben.

Dieses Buch stellt die fünf Grundsteine vor, die sich in meinem Privat- wie Berufsleben als wertvoll erwiesen haben. Lassen Sie sich von Ihnen inspirieren – Sie brauchen sie deshalb nicht eins zu eins zu übernehmen!

Jesper Juul
Im Juni 2015

Einleitung von Mathias Voelchert

Als im Frühjahr 2006 Jesper Juuls Buch »Was Familien trägt« bei Kösel herauskam, erschien auch mein Buch »Trennung in Liebe« im selben Verlag. Damals dachte ich: »Der Mann schreibt ja das Gleiche über Familien wie du über Paare, den musst du kennenlernen!« So verabredeten wir uns in Salzburg und begannen dort eine bis heute andauernde fruchtbare Zusammenarbeit. Im Frühjahr 2006 gründete ich familylab.de – die Familienwerkstatt, den deutschen Zweig des von Jesper Juul ins Leben gerufenen Elternberatungsprojekts. Seither arbeiten Jesper Juul und ich eng zusammen, wir veranstalteten Vorträge, Seminare, produzierten diverse Bücher, DVDs, CDs zusammen. Die umfangreiche Internetseite familylab.de gibt Ihnen einen guten Überblick über unsere aktuelle Arbeit in der Familienwerkstatt.

Auch nach der Erkrankung Jesper Juuls im Herbst 2012, die es ihm leider unmöglich macht, zu reisen und Vorträge zu halten, setzen wir unsere gute Zusammenarbeit auf neuen Wegen erfolgreich fort. Dass wir dabei Eltern auf gleichwürdige Art und Weise begegnen und Inhalte vermitteln können, freut mich dabei am meisten.

Dieses Buch liegt mir besonders am Herzen, weil die angesprochenen Themen tief in die Eltern-Kind-Beziehung hineinreichen. Dort im Herzen wohnt unsere Liebe und unser Wunsch, es so gut wie möglich zu machen. Aber auch unser schlechtes Gewissen, das sich sehr schnell bemerkbar macht, wenn wir glauben, als El-

tern nicht zu genügen. In 5 Grundsteine für die Familie *finden Sie direkte, praktische Unterstützung bei dem, was Sie selbst tun können, statt sich weiter darauf zu fixieren, was bisher nicht so gut funktioniert hat. Im Folgenden möchte ich Sie deshalb durch meine Einführung in jedes Kapitel auf das jeweilige Thema einstimmen.*

Und jetzt wünsche ich Ihnen den größtmöglichen Nutzen aus diesem Buch!

Ihr Mathias Voelchert
Leiter familylab.de

1. Kooperation und Integrität

Einführung

Wenn Kinder kooperieren, kopieren sie damit nicht nur das Verhalten ihrer Eltern. Der Begriff der Kooperation bezieht in diesem Zusammenhang auch die Fähigkeit und den Drang mit ein, von Geburt an soziale Kontakte zu suchen. Schon ein Säugling wahrt seine Integrität, indem er seinen Kopf leicht wegdreht, wenn er genug getrunken hat. Von Beginn an können Säuglinge mithilfe von Lauten und Körpersprache ihre Grenzen aufzeigen und damit ihre Integrität verteidigen. Das Wohlergehen des Säuglings hängt davon ab, inwieweit seine Eltern diese Signale sehen, verstehen und entsprechend handeln. Persönliche Integrität ist dabei auch eine individuelle Wahrnehmung, die in ihrer Tiefe und Bedeutung nur jede/r für sich selbst haben kann.

Das Begriffspaar »Kooperation und Integrität« könnte man auch »Anpassung und Individualität« nennen. Es ist eine schlechte Tradition, dass die Schwächeren, die Machtlosen, die Anpassungsleistung zu erbringen haben. »Solange du deine Füße unter meinen Tisch stellst …« ist ein Beispiel für diese Haltung. »Kinder können schon vieles selbst, aber noch nicht allein«, ist eine Haltung, die dem Kindsein und Elternsein heute besser entspricht. Dabei müssen Eltern die Führung übernehmen, sonst herrscht Chaos. Daneben liegt bei den Eltern auch die Verantwortung dafür, in welchem Maße ihr Kind lernt, seine eigene

Integrität zu schützen und abzuwägen; wann es sinnvoll ist, zu kooperieren, und wann nicht. Eltern könnten von dieser Anpassungsleistung deutlich mehr in die Familie einbringen, statt sie fast ausschließlich von ihren Kindern zu fordern.

Der Konflikt zwischen der Wahrung meiner eigenen Integrität und der Kooperation mit dem, was andere wollen, ist der zentrale Zwiespalt in unserem Leben. Einerseits ist es uns wichtig, Teil einer Gruppe zu sein. Diese Teilhabe gewährleistet unsere Anpassung an die Bedürfnisse der anderen, unsere Kooperation mit dem, was gewünscht ist. Andererseits büßen wir durch diese Anpassung einen Teil unserer Integrität ein, verzichten teils auf das, was für uns wichtig und bedeutungsvoll ist. Um hierbei eine gute Balance zu finden, müssen wir unsere Lebenswelt bewusst wahrnehmen und ständig nachjustieren.

Diese Eigenreflexion können Kinder noch nicht leisten. Dafür sind wir Erwachsenen da, mit unserem wohlwollenden Blick auf das, was das Kind ausdrücken möchte oder tatsächlich braucht. Das folgende Kapitel ist gewissermaßen ein Appell an alle Eltern, dieser Verantwortung gerecht zu werden und die Individualität ihrer Kinder zu berücksichtigen, statt von ihnen zu fordern, so zu werden, wie es die Eltern für richtig halten. Nein!

Alle Eltern mit mehr als einem Kind machen die unglaubliche Erfahrung, dass sich jedes Kind elementar vom anderen unterscheidet, sozusagen eine einmalige »Spezialausgabe« ist. Deshalb haben wir Eltern die Aufgabe, erst einmal genau hinzuschauen, was für ein Kind wir da überhaupt bekommen haben, was für Eigenheiten es hat, wie es »tickt«. Die alte Streitfrage, was angeboren und was anerzogen ist, mag man schnell mit fifty-fifty beantworten. Doch es bleibt die Frage, inwieweit wir Eltern es aushalten müssen und können, dass da ein junger Mensch heranwächst, der unsere Integrität durch seine Andersartigkeit strapaziert. Und wie wir konkret damit umgehen.

Früher wurde Kooperation durch Machtmissbrauch, durch verbale und physische Gewalt erzwungen. Die Folge war nicht Kooperation, sondern (blinder) Gehorsam aus Angst vor körperlichen Schmerzen, vor Demütigung und dem Ausschluss aus der Gemeinschaft. Früher wurden wir zur Strafe in die Ecke gestellt oder vor die Tür geschickt. Bis vor Kurzem war der »stille Stuhl« noch ein Zeichen der Hilflosigkeit der Erwachsenen, die einem Kind nicht mehr »Herr« zu werden glaubten. Doch auch diese »Erziehungsmaßnahme« verletzt die Integrität des Einzelnen.

Als Eltern wollen wir nur das Beste für unsere Kinder. Allerdings versuchen wir viel zu oft, ihnen unseren eigenen Lebensentwurf überzustülpen. Zu viele Gymnasial- und UniversitätsabsolventInnen erkennen zu spät, dass sie ihren Berufsweg dem Vater oder der Mutter zuliebe eingeschlagen haben. Weil sie bis zu ihrem Abschluss gar nicht wussten, was sie selbst wollen. Es ist keine gute Idee, sich so sehr von den Vorstellungen anderer (die es auch noch gut meinen und nur das Beste wollen) beeinflussen zu lassen und so die Verantwortung für das eigene Leben zu vernachlässigen.

Eltern sollten sich über ihre eigenen Standpunkte und Motive klar werden. Schon das Offenlegen von Positionen schafft Transparenz, gibt Kindern Raum zu lernen und Eigenverantwortung zu übernehmen.

Kinder sind kompetent, und diese Kompetenz spüren wir immer mehr, wenn wir ihnen die Wahl lassen. Kinder entscheiden sich instinktiv für Wachstum. Wenn wir uns mit diesem Wachsen der Familie im Innen und Außen verbinden, dann wachsen und lernen wir alle mit jeder Situation. Und wenn wir spüren, dass damit auch viel Freude und Gelassenheit verbunden ist, dann fällt es uns leichter zu kooperieren und dabei besonders gut auf unsere Integrität zu achten.

Die Qualität der Beziehung

Das Gleichgewicht zwischen Kooperation und Integrität muss fortwährend neu justiert werden. Denn zum einen haben wir den Drang, uns den Erwartungen und Erfordernissen unserer Umwelt anzupassen, zum anderen das Bedürfnis, unsere Integrität zu bewahren. Es ist ein grundlegender Konflikt, der keineswegs auf das Leben in der Familie beschränkt ist, sondern auch im Berufs- und Privatleben jedes Erwachsenen zur täglichen Realität gehört.

Um diesem Konflikt in der Familie möglichst konstruktiv zu begegnen, lautet das Schlüsselwort »Beziehung«. Ihre Qualität entscheidet über das Wohlergehen der einzelnen Familienmitglieder sowie der gesamten Familie. Mangelt es an dieser Qualität, haben die Erwachsenen stets dazu geneigt, einen Schuldigen oder Unschuldigen zu benennen. Wir alle kennen wohl die zerstörerische Doppelmoral, uns den Erfolg unserer Kinder selbst zuzuschreiben, es jedoch den Kindern in die Schuhe zu schieben, falls der Erfolg ausbleibt. Ein Fehler, den junge Eltern heutzutage allerdings viel seltener machen als noch vor zwanzig, dreißig Jahren. Das Bewusstsein, dass es in Familien um Beziehungen geht und die Erwachsenen für die Qualität dieser Beziehungen verantwortlich sind, hat zweifellos zugenommen.

Dennoch ist dieser Fehler selbst in pädagogischen Institutionen wie Kindergärten und Schulen immer noch weit verbreitet, obwohl man es dort eigentlich besser wissen müsste. Die dort beschäftigten Pädagogen begehen ihn jedes Mal, wenn sie behaupten, dass sie zu diesem oder jenem Kind keine Beziehung aufbauen können, das Kind dafür verantwortlich machen und es in Therapie schicken. Das sind ernsthafte Übergriffe von unverantwortlichen Fachleuten. Deshalb ist es sehr wichtig, innerhalb der Familie ein Bewusstsein dafür zu entwickeln, dass alles von der Qualität der zwischenmenschlichen Beziehungen abhängt.

Die Eltern vergangener Tage haben geglaubt, es sei vollkommen ausreichend, ihren Kindern bestimmte gesellschaftliche Werte und Normen zu vermitteln. Mittlerweile weiß man, dass damit nicht alles getan ist. »Inhaltlich« werden heutzutage in Familien ganz unterschiedliche Lebensentwürfe gelebt und die Familien sind sehr zufrieden damit. Wichtiger ist jedoch, was im Psychologenjargon als »Prozess« bezeichnet wird. Es kommt nicht so sehr darauf an, *was* wir machen, sondern vor allem, *wie* und *weshalb* wir es machen.

Ein junger Vater schilderte mir im Rahmen einer öffentlichen Veranstaltung folgendes Problem: Zu Hause dürften seine Kinder ab und zu ein paar Süßigkeiten essen, doch bei den Großeltern (die sich ebenfalls unter den Zuhörern befanden) bekämen sie diese kiloweise und würden sich deshalb dort fast ausschließlich von Süßigkeiten ernähren. Ich habe daraufhin die Großmutter gefragt, weshalb sie das mache, und sie hat ernsthaft und mit bestem Gewissen geantwortet, dass sie von ihren Enkeln schließlich geliebt werden wolle.

Eine höchst eigentümliche Logik, die in verschiedensten Alltagssituationen und Varianten zum Ausdruck kommt. Beispielsweise im Supermarkt, wenn entnervte Eltern ihren quengelnden Kindern nur deshalb Eis und Schokolade kaufen, damit endlich Ruhe ist. Wir haben also allen Grund, die Motive unseres Handelns zu hinterfragen.

Entscheidend für die Gesundheit der Familie und das Wohlergehen der einzelnen Mitglieder ist die Qualität der Beziehungen.

Für die Atmosphäre in der Familie sind allein die Erwachsenen verantwortlich. Der Prozess besteht gleichermaßen aus *verbalen* und *nonverbalen* Elementen. Gefühle und Emotionen gehören ebenso dazu wie Körpersprache und Tonfall, und wir sollten uns in diesem Zusammenhang vor Augen führen, dass 99 Prozent dessen, was wir zum Ausdruck bringen, sich unbewusst manifestiert. Wenn also unsere Kommunikation nicht funktioniert, müssen wir auch dafür die Verantwortung übernehmen und etwas anderes tun als das, was bisher nicht funktioniert hat.

Verliebt zu sein ist keine Kunst

Verliebt zu sein ist einfach und passiert quasi von allein – sozusagen als chemischer Vorgang. Das spüren wir im Verhältnis zu unseren Säuglingen. 99 Prozent aller Eltern verlieben sich unmittelbar in ihr Baby, was ein wunderbarer Umstand ist, denn diese Liebe erfordert keine Leistung.

Bei der Partnerwahl treten die ersten Probleme meist auf, wenn der hormonelle »Wahnsinn« nach drei bis vier Jahren abnimmt und wir uns allmählich fragen, ob wir diesen Menschen, in den wir uns Hals über Kopf verliebt haben, auch lieben können. Das Verhältnis zu unseren Kindern ist im Prinzip vom selben Verlauf gekennzeichnet. In den ersten sechs, sieben Monaten verfolgen wir die Entwicklung unserer Neugeborenen mit unstillbarer Neugier und größtem Interesse. Wir wollen sie so gut wie möglich kennenlernen und herausfinden, was es bedeutet, wenn sie bestimmte Laute von sich geben oder Verhaltensweisen zeigen. Ist das Kind müde? Hat es Hunger? Die Windeln voll? Bauchkrämpfe? Ist ihm zu kalt oder zu warm?

Man versucht jedes Zeichen zu »übersetzen« und ist rundum positiv gestimmt, aber im selben Maße, in dem unsere Kinder älter werden, beginnen wir allmählich damit, ihr Verhalten zu korrigieren und ihnen zu sagen, was sie zu tun und zu lassen haben. Und natürlich erwarten wir, dass sie nicht mehr in die Windel machen, sondern stattdessen die Toilette benutzen. Wir nennen das »Erziehung«, müssen uns allerdings eingestehen, dass das meiste, was wir in den letzten 25 Jahren unter Erziehung verstanden haben, auf die Kinder keinen allzu großen Eindruck gemacht hat. Unsere Möglichkeiten sind schlichtweg begrenzt, was für die Erwachsenen jedoch kein Grund ist, ihre Erziehungsbemühungen einzustellen. Das Wichtigste – und das gilt gegenüber Partnern wie Kindern – wird jedoch zumeist übersehen:

> *Wir müssen unsere liebevollen Gefühle in liebevolles Handeln umsetzen, also so handeln, dass sie vom anderen als liebevoll empfunden werden.*

Liebe ist wunderbar – ich liebe beispielsweise meine Frau, meinen Sohn und mein Enkelkind. Ich erlebe das in vielerlei Hinsicht und in einer reichen Palette von Körperempfindungen, was für mich eine beglückende Erfahrung ist. Aber die anderen haben zunächst nichts davon, denn es handelt sich ja ausschließlich um meine Gefühle. Nur wenn es mir gelingt, diese liebevollen Gefühle in liebevolles Handeln umzusetzen, können meine Frau, mein Sohn und mein Enkel sie auch als liebevoll erleben. Erst diese Transformation macht meine Gefühle für die anderen wertvoll.

Dies gilt wie gesagt für die Paarbeziehung ebenso wie für die Elternschaft, und es gibt verschiedene Möglichkeiten, eigene Gefühle für andere erlebbar zu machen. Ich möchte im Folgenden vier, fünf Prinzipien herausheben, die zum Tragen kommen, wenn wir eigene Gefühle für andere sichtbar machen. Hinzu kommen Wertvorstellungen, die durch unser Elternhaus, durch Religion, Politik oder die Gesellschaft beeinflusst werden. Über diese Wertvorstellungen habe ich ein Buch mit dem Titel *Was Familien trägt* geschrieben, doch ist sein Inhalt mehr philosophischer als psychologischer Natur.

Kinder kooperieren

Als Menschen sind wir uns stets des grundlegenden Konflikts zwischen unserer Individualität und dem Leben in der Gemeinschaft bewusst. Dieser Konflikt kann die Familie, den Partner, die Gesellschaft, die Nation oder die ganze Welt umfassen. Man muss ständig Entscheidungen treffen, ob man lieber die eigenen Erwartungen oder die seiner Mitmenschen erfüllt. Soll man vor allem an sich selbst denken oder dem Interesse der Allgemeinheit den Vorzug geben? Oft ist es schwierig, ein Gleichgewicht zwischen diesen Polen zu finden.

Über die Kooperationsleistung von Kindern haben wir uns lange Zeit kaum Gedanken gemacht. Wir wussten zwar, dass Zusammenarbeit ein wesentlicher Faktor im Leben von Erwachsenen ist, aber dass sie für Kinder ebenfalls von Belang ist, war uns nicht bekannt. Bis in die jüngste Vergangenheit hinein bestand allgemein die Annahme, dass Kinder überhaupt nicht kooperieren. Man dachte vielmehr, man müsse sechzehn, siebzehn Jahre lang hart daran arbeiten, um Kinder zu einer gewissen Zusammenarbeit zu bewegen.

Die ungarische Kinderärztin Emilie »Emmi« Pikler (1902–1984) hat schon frühzeitig die Bedingungen erforscht, die für eine gesunde Entwicklung von Kindern unabdingbar sind, und dabei stets deren Eigeninitiative hervorgehoben. Auch die Erfahrungen der Familientherapie belegen eindeutig, dass Kinder kooperieren, und zwar nicht nur widerwillig, sondern fast »zwanghaft«. Anhand der Forschungsergebnisse des Psychoanalytikers und Säuglingsforschers Daniel Stern (1934–2012) und anderer Kollegen, die ihre Beobachtungen auch filmisch dokumentiert haben, kann man sehen, dass Kinder tatsächlich von Anfang an kooperieren, dass sie sich anpassen und gerne konform sein wollen. Die einfachste Form dieser Kooperation besteht darin, dass sie alles kopieren. Wer von uns hat nicht schon ein Baby dabei beobachtet, wie es versucht, alles Mögliche nachzumachen? Vieles spricht dafür, dass dieses Verhalten von Säuglingen eine instinktive Form der Nachahmung ist.

Dass sich Kleinkinder auch mit den Grenzen der Kooperation auseinandersetzen, hat mir eines Tages mein eigener Enkel gezeigt. Wir waren allein, und ich sagte, dass ich Hunger hätte und etwas zu essen machen wolle, worauf der Junge antwortete, dass er selbst nichts essen wolle. Als seine Mutter später nach Hause kam, erklärte er ihr mit Nachdruck, dass *er* doch nicht essen müsse, nur weil sein Großvater Hunger habe.

Das ist ein wunderbares Beispiel, um die Gedankenwelt eines Kindes zu illustrieren. Das Kind fragt sich ganz einfach, ob es auch essen muss, weil der Erwachsene Hunger hat. Dies sind gewissermaßen die Anfänge eines großen Themas: Wie viel muss ich von meiner persönlichen Integrität opfern, um geliebt zu werden? Was muss ich alles mitmachen? Wie sehr muss ich schauspielern und mich verstellen, um die Liebe meiner Nächsten nicht zu gefährden? Meine Mutter hätte beispielsweise gesagt, dass *wir* jetzt hungrig seien. Und die Kinder denken über dieses seltsame »Wir« nach, zerbrechen sich den Kopf darüber, wie sie sich verhalten sollen oder müssen, und sind dabei sehr verwundbar.

Worüber wir alle zu selten nachdenken, ist die Tatsache, dass wir im Übermaß kooperieren.

Wir kooperieren zu viel und zu oft und opfern dabei unsere Integrität.

In meiner langjährigen Praxis als Familientherapeut habe ich noch nie ein Paar getroffen, das prinzipiell nicht zur Kooperation bereit war. Alle Menschen kooperieren, und zwar meistens im Übermaß, was eine Reihe von Problemen nach sich zieht. Genauso ist es mit Kindern. Kinder wollen nichts lieber, als ihre Eltern glücklich und zufrieden zu machen – zumindest bis sie sechs, sieben Jahre alt sind.

Ich bin schon oft von Eltern kontaktiert worden, die sich große Sorgen machten, weil ihr Sohn oder ihre Tochter mit dem Gedanken spielte, sich das Leben zu nehmen. Wenn man dann mit diesen Kindern arbeitet, erfährt man, dass die Kinder meinen, es wäre besser für ihre Eltern, wenn sie tot wären. Die Eltern sind natürlich entsetzt, weil sie so etwas weder gesagt noch gedacht haben und sie sich nicht erklären können, wie ihr Kind darauf kommt. Solche Beispiele zeigen in aller schmerzhaften Deutlichkeit, dass wir niemals unterschätzen sollten, wie tief und intensiv Kinder über alles nachdenken.

Kindern ist das Wohlergehen der Eltern immer wichtiger als ihr eigenes.

In dieser Hinsicht müssen wir also dringend umdenken, denn schon Sigmund Freud hat uns ja gelehrt, dass Kinder egozentrisch auf die Welt kämen, was nicht der Wahrheit entspricht. Sie werden vielmehr überverantwortlich, übersozial, überkooperativ geboren. Dass wir unsere Integrität opfern, passiert ständig, und in der Regel sind wir uns darüber vollkommen im Klaren. Natürlich begegnen wir manchmal auch Leuten, die konsequent ihren eigenen Weg gehen, nur an sich selbst denken und zu keinem Kompromiss in der Lage sind. Doch so verhalten sich nur Menschen, die früher im Übermaß kooperiert und in ihrer Vergangenheit *zu viel* geopfert haben.

Der Konflikt von Integrität und Zusammenarbeit ist schon deshalb von zentraler Bedeutung, weil wir gewissermaßen in ihn hineingeboren werden. Glücklicherweise können wir spüren, wann das Gleichgewicht so sehr gestört ist, dass man sein eigenes Verhalten ändern oder einem Mitmenschen helfen muss. Das erste Signal besteht darin, dass wir chronisch müde werden und all unsere Energie verlieren.

Kooperation und Konflikt

Wir alle kennen das Gefühl, überarbeitet zu sein. Zuerst schuften wir zu viel, dann fühlen wir uns gestresst, und wenn wir diesen Zustand lange genug ignorieren, kommt schlimmstenfalls der Burnout, der uns zu absoluter Untätigkeit verurteilt. Das zeugt davon, dass wir zu lange kooperiert haben, ohne unseren eigenen Bedürfnissen, Grenzen, Werten und Gefühlen die nötige Aufmerksamkeit entgegenzubringen.

In jeder Gruppe – sobald sich also mehr als ein Mensch in einem Raum befindet – kommt es zu diesem Konflikt. Es geht um viele kleine Dinge: ob es uns in diesem Raum zu warm oder zu kalt, zu laut oder zu leise ist. Wir müssen uns permanent entscheiden, ob wir den gegenwärtigen Zustand akzeptieren oder für eine Änderung eintreten, notfalls darum kämpfen sollen. Wenn man für eine Sache kämpft, liegt es also nicht unbedingt daran, dass man egozentrisch oder unfähig zur Kooperation ist, sondern daran, dass man sich manchmal gezwungen sieht, die Reste seiner verbliebenen Integrität zu verteidigen. Es gibt durchaus egozentrische Menschen, aber die erkennt man ganz schnell daran, dass sie immer unglücklich, einsam und alleine sind. Sie sind aus der Not Egozentriker geworden.

Die meisten von uns fühlen sich provoziert, wenn kleine Kinder um die Wahrung ihrer Integrität kämpfen und darauf bestehen, dass sie nicht schlafen, essen oder sonst etwas wollen. Erwachsene haben ohnehin ihr eigenes Programm und ihren eigenen Zeitablauf im Kopf und möchten, dass sich das Kind dem anpasst. Wenn Kinder sagen, dass es ihnen leid tue, sie den Wunsch der Erwachsenen aber nicht erfüllen *können*, liegt das meist daran, dass sie zu *lange* mitgemacht haben und es nun *nicht mehr* geht. Solange die Kooperation reibungslos verläuft, schenken wir ihr keine Beachtung. Erst, wenn sie gestört ist, reagieren wir irritiert. Zudem haben die meisten Menschen von Kindheit an gelernt oder gar eingetrichtert bekommen, dass ihre eigenen Wünsche und Bedürfnisse nicht von Belang sind, da es ja um die ganze Familie gehe und der Einzelne notwendigerweise zurückstehen müsse.

Für viele Eltern waren diese Kindheitserfahrungen allerdings so schmerzhaft, dass sie nun alles dafür tun, um ihre eigenen Kinder davor zu bewahren, was allerdings unmöglich ist.

Seit etwa fünfzehn Jahren gibt es in Europa eine neue Sorte von Eltern, die ich als Neo-Romantiker bezeichne. Das sind diejenigen Eltern, die ihre kleine Familie in eine Art Paradies verwandeln wollen, in dem es niemals Streit gibt und Konflikte ein Fremdwort sind. Doch ein solches »Paradies« ist für Kinder und Erwachsene gleichermaßen furchtbar, denn niemand kann grundsätzlich vor Auseinandersetzungen geschützt werden. Wer es dennoch versucht, versäumt es, seine Kinder auf das Leben vorzubereiten. Kinder brauchen konfliktreiche Erfahrungen, um mit den Herausforderungen des Lebens zurechtzukommen. Ohne dieses »Training« können sie sich weder gesund entwickeln noch ihre Persönlichkeit zur vollen Entfaltung bringen.

Man kann Kindern Konflikte nicht ersparen!

Außerdem kann man die Erfahrung der Kinder nicht einfach von der eigenen abkoppeln. Sie hängt auch vom Verhalten der Erwachsenen untereinander ab und davon, für welche Haltung sich diese entscheiden. In der Paarbeziehung arbeitet jeder Einzelne mit der Zeit seine eigene Perspektive heraus. Jeder muss für sich die Frage beantworten, ob er die spezifischen Möglichkeiten und Herausforderungen, die Paarbeziehung und Elternschaft bieten, für seine persönliche und soziale Entwicklung willkommen heißt oder nicht.

Aus der Unterschiedlichkeit der Partner – der eine möchte gern reden, während der andere lieber seine Ruhe hat – entsteht ein innerer Zwiespalt, entweder zu kooperieren, also eher auf das Eigene zu verzichten, oder gut für die eigene Integrität zu sorgen und sich durchzusetzen. Letzteres führt zwangsläufig zu Konflikten, aber bevor man um des lieben Friedens willen kooperiert, muss man sich bewusst sein, dass dieses Verhalten den Kindern als Vorbild dient. Grundsätzlich gilt, dass es den Kindern gut geht, wenn es auch den Eltern gut geht.

Spiegelgleiches und spiegelverkehrtes Kopieren

Als Eltern können wir ungefähr zehn Prozent der Konflikte »kontrollieren«. Wenn ich von zehn Prozent spreche, meine ich das keinesfalls provokativ, denn unsere Kinder kooperieren sowohl mit dem, was zwischen den Erwachsenen passiert, als auch damit, was sich zwischen dem einzelnen Elternteil und dem Kind abspielt. Zwischen all den Prozessen und Beziehungen kooperieren Kinder von Anfang an. Sie mögen die Konflikte nicht benennen können, doch nehmen sie diese tief in ihrem Innern wahr und wissen meist instinktiv, wenn etwas nicht stimmt. Paare, die sich getrennt haben, berichten oft, dass die Trennung vor zwei Jahren vollzogen wurde, die emotionale Loslösung aber bereits vor acht oder neun Jahren begann. Und die Kinder haben dies in all den Jahren gespürt – natürlich wussten sie nicht, dass die Eltern sich trennen würden, aber irgendein Gefühl signalisierte ihnen, dass etwas »im Busch« sei. Kinder gehen den Dingen quasi unbewusst auf den Grund, während die Erwachsenen meist viel länger brauchen, um die Realität anzuerkennen. Zu sehr sind wir mit Ausbildung, Karriere oder anderen Themen beschäftigt, um sogleich zu merken, dass etwas mit unserer Beziehung nicht in Ordnung ist.

Glücklicherweise müssen sich Kinder inzwischen nicht mehr so oft um die Erwachsenen sorgen, weil nun schon dreijährige Kinder äußern, wenn sie ein »mulmiges« Gefühl haben. Solche Kinder sind nicht frech, sondern machen uns dankenswerterweise darauf aufmerksam, dass etwas in die falsche Richtung läuft.

Was wir unter »Erziehung« verstehen, macht auf die Kinder oft keinen Eindruck, und wenn, dann höchstens einen schlechten. Das meiste geht zum einen Ohr rein und zum anderen wieder raus. Der allergrößte Teil dessen, was tatsächlich wirkt, findet nonverbal statt. Er besteht aus dem, was wir unsern Kindern täglich vorleben; in der Art und Weise, wie wir uns verhalten und im Alltag mit unseren Mitmenschen umgehen. Diese Dinge sind es, die *erziehen*. Das sind die Lektionen, die von unseren Kindern kopiert werden. Allerdings wird diese Tatsache oft von Eltern bezweifelt, die darauf hinweisen, dass ihre Kinder sehr unterschiedlich seien, obwohl doch alle die gleichen Vorbilder gehabt hätten. Um dies zu verstehen, muss man sich den Vorgang des Kopierens bildlich vorstellen – auch mit einem Kopiergerät kann man die Seiten ja auf die eine oder andere Art ablichten, und so kopieren manche Kinder alles spiegelgleich, andere hingegen spiegelverkehrt. Oft ist es so, dass das erste Kind die Kopie richtig herum wiedergeben möchte, während das zweite Kind alles spiegelverkehrt aufzeigt. Mitunter wird die These vertreten, dass viele Menschen, die Weltbewegendes zustande gebracht haben, die Dritten in der Geschwisterfolge waren, was eine gewisse Logik hat: Schließlich verfügen die Eltern bei ihrem dritten Kind schon über ein größeres Maß an Erfahrung. Sie konnten bei den beiden älteren Geschwistern bereits üben, deshalb hat es die Nummer drei etwas einfacher. Zudem haben sie (Gott sei Dank) oft weniger Zeit, sich um das dritte Kind zu kümmern, sodass es von den Geschwistern miterzogen beziehungsweise sozialisiert wird. Wahrscheinlich kommen noch ein paar weitere Faktoren hinzu, doch das würde hier zu weit führen.

Für die meisten Erwachsenen ist es am wichtigsten, dass die Kinder das tun, was sie erwarten. Wir bringen zum Ausdruck, was wir von unserem Kind erwarten, und nennen es Kooperation, wenn es unsere Erwartungen erfüllt. Spielt das Kind jedoch nicht mit, behaupten wir, es verweigere die Zusammenarbeit, wobei wir geflissentlich übersehen, dass wir – die Erwachsenen – es sind, die nicht kooperieren. Ich möchte dies anhand eines ernsten Beispiels demonstrieren: Während des Balkankrieges habe ich oft erlebt, wie Mütter und Kinder ohne ihren Mann und Vater zurückblieben. Mütter auf der ganzen Welt begehen in so einer Situation instinktiv denselben Fehler: Um ihre Kinder zu schonen, verschweigen sie ihnen zunächst die schmerzhafte Wahrheit über den Tod des Vaters. Diese Mütter »funktionieren« im Alltag weiter und bearbeiten ihre Trauer und ihren Schmerz allein, was liebevoll gemeint, aber auch unklug ist. Denn jeder, der Kinder hat, weiß, dass wir auf Dauer keine Geheimnisse vor ihnen verbergen können, da sie uns intuitiv durchschauen.

In der Familie ohne Vater, die ich im Sinn habe, kopierte der ältere Sohn die Mutter. Er war melancholisch, etwas depressiv, gab sich in der Schule viel Mühe und war der Lieblingsschüler seiner Lehrer. (Lehrer lieben im Allgemeinen depressive Kinder, weil sie leise und folgsam sind.) Der jüngere Bruder benahm sich jedoch plötzlich »unmöglich« und fiel trotz seiner sieben Jahre in das Verhalten eines Kleinkinds zurück. Er war frustriert, sprach nur noch mit nörgelnder Stimme, konnte sich in der Schule nicht konzentrieren und bekam mit Mitschülern wie Lehrern erhebliche Probleme. Die Schule gab der Mutter daraufhin zu verstehen, dass ihr älterer Sohn ganz wunderbar sei, wohingegen sie den Jüngeren unbedingt besser erziehen solle.

Die Lösung war relativ einfach. Sie bestand in diesem Fall einfach darin, dass die Mutter endlich mit beiden Kindern über ihren Schmerz und den Verlust des Vaters redete. Nach drei Wochen war der Älteste nicht mehr depressiv und konnte über seinen Vater und seinen eigenen Schmerz sprechen. Und sein jüngerer Bruder verhielt sich danach wieder wie ein Siebenjähriger.

Auch diese Verhaltensweisen sind eine Form von Kooperation. Der Ältere machte es wie die Mutter, er funktionierte und redete nicht über seinen Schmerz. Der Jüngere spürte, dass es in seiner Familie sehr viel verschwiegenen Schmerz gab, den jedoch niemand artikulierte. So war es an ihm, das auszudrücken, wofür die anderen keine Worte fanden, und damit alle von einer großen Last zu befreien – auch das ist Kooperation.

Kinder besitzen die Fähigkeit, das ins Spiel zu bringen, was das »System« braucht, und nicht das, was wir Eltern gerne hätten. Was nicht bedeutet, dass wir in der Familie oder Schule jedes Verhalten tolerieren müssen. Es ist vollkommen in Ordnung, seine persönlichen Grenzen zu ziehen. Nur müssen wir wissen, dass etwas dahintersteckt, wenn sich Kinder auffällig benehmen. Sie tun es, weil sie spüren, dass etwas nicht in Ordnung ist, das heißt, sie kooperieren auf die eine oder andere Weise, weshalb ihr Verhalten nichts mit Frechheit oder mangelhafter Erziehung zu tun hat.

Neinsagen unterstützen

Eine große Gefahr besteht darin, dass wir gerade aus Liebe zu viel kooperieren. Je inniger das Verhältnis zum anderen ist, desto größer werden unsere Zugeständnisse. Nehmen wir einmal an, ich sei frisch verliebt. Ganz gleich, was meine neue Freundin vorschlägt oder worum sie mich bittet – ob wir ins Kino oder Theater gehen, ein Restaurant besuchen oder lieber Pizza nach Hause bestellen wollen –, ich sage zu allem bereitwillig Ja und willige in alles ein. So geht das ungefähr zwei bis drei Jahre lang, ehe ich überhaupt zu fragen beginne, in welchen Film wir gehen oder welches Theaterstück wir denn sehen, und wenn wir trotzdem immer so weitermachen, kommt es nach ungefähr sieben Jahren zur Krise, weil ich unsere Beziehung dann nicht mehr als Bereicherung, sondern als Gefängnis empfinde und bitterlich bereue, dass ich meine Freiheit verloren habe. Von da an sinkt meine Kooperationsbereitschaft rapide. Wenn meine Freundin nun fragt, ob wir ins Kino gehen, denke ich womöglich, dass ich lieber etwas anderes tun würde und das eigentlich auch lieber alleine. Und das bedeutet wiederum, dass ich mit dem ganzen System Schwierigkeiten habe, weil ich zu viele Opfer bringe.

Bei Erwachsenen währt die Zeitspanne, in der sie *zu viel* kooperieren, ungefähr sieben Jahre. Bei Kindern dauert sie meist bis zur Pubertät, denn von da an haben sie allmählich die Möglichkeit, ihr Leben neu zu entdecken und selbst zu gestalten. Was können wir also tun? Wir können einander helfen, Nein zu sagen!

In einer kompetenten Familie hilft jeder dem anderen, »Nein« zu sagen. Dadurch werden die Beziehungen stärker.

Journalisten fragen mich oft, welchen Rat ich jungen Paaren geben würde. Wenn ich nur einen einzigen Satz zu sagen hätte, dann würde ich ihnen raten, einander beim Neinsagen zu helfen, weil gerade das so schwierig ist. Wir spüren das bei unseren Kindern, wenn es uns irritiert, dass sie andauernd Nein sagen. Oft ist das ein Indiz dafür, dass es in dieser Familie mit dem Neinsagen generell Probleme gibt.

Typische Alltagssituationen gibt es in Hülle und Fülle. Denken wir beispielsweise an ein Thema, das Jahr für Jahr in vielen Familien diskutiert wird: Wo sollen wir diesmal Weihnachten feiern? Vielleicht sage ich zu meiner Frau, dass wir letztes Jahr bei ihren Eltern waren, in diesem Jahr also meine dran seien.

Und natürlich könnte man die Frage aufwerfen, ob es nicht ganz ohne die eigenen Eltern ginge, aber ich weiß ja, dass meine Schwiegermutter dann wahnsinnig traurig reagieren oder ein Riesentheater machen würde, also willige ich notgedrungen ein, genau wie im letzten Jahr bei den Eltern meiner Frau zu feiern, obwohl ich dazu eigentlich keine Lust habe.

Es sind vor allem solche Momente, in denen wir unserem Partner helfen müssen. Wenn wir spüren, dass er oder sie nur um des lieben Friedens willen »okay« sagt, dann müssen wir nachhaken, ob er oder sie nicht eigentlich etwas anderes wolle. Ist die Antwort »Nein«, dann sollten wir weiter fragen, ob er oder sie nicht doch ein bisschen böse oder enttäuscht sein werde, wenn wir wie vorgeschlagen vorgehen, und wenn er oder sie dies zugibt, ist die größte Gefahr bereits gebannt. Denn derart »faule Kompromisse« – ein »Okay«, wenn man eigentlich »Nein« meint – kann man sich unter Kollegen oder bei losen Bekannten leisten, aber in Liebesbeziehungen sind sie ein schleichendes Gift.

Natürlich müssen wir auch Kompromisse eingehen, ohne sie geht es nicht, aber man sollte sich so selten wie möglich selbst kompromittieren. Das tun wir aber leider viel zu oft, und genau deshalb benötigen wir die Hilfe unseres Partners. Denn sonst geschieht es, dass wir ihm irgendwann die Rechnung präsentieren, auf der penibel aufgelistet steht, was wir in all den Jahren für Opfer gebracht haben und wie viel er oder sie uns schuldig ist.

Man muss Kompromisse eingehen, doch sollten wir uns nicht selbst kompromittieren.

Das Gleiche gilt für die Beziehung zu unseren Kindern. Wenn wir ihre Frage, ob wir ihnen helfen können, mit Nein beantworten, dann bestehen sie zunächst darauf. Doch wenn wir ihnen sagen, dass wir im Moment einfach keine Lust haben, akzeptieren sie dies meist.

Ein menschliches Grundbedürfnis

Dass wir über so eine umfassende Kooperationsbereitschaft verfügen, liegt an einem menschlichen Grundbedürfnis: Wir alle wollen uns für andere als wertvoll empfinden.

Jeder möchte gern spüren, dass er das Leben seiner Liebsten – seiner Kinder, seines Partners – bereichert, dass er eine positive Bedeutung für seine Familie hat. Wir kooperieren also gemäß unseren eigenen Wünschen, damit wir das Gefühl haben, für die anderen wertvoll zu sein. Als Partner, als Eltern und als Kind.

Unsere Vorfahren schufen dazu ein großes Regelwerk von Verhaltensweisen. Wertvoll war man dann, wenn man sich an bestimmte Abmachungen hielt. In einem Erziehungsbuch von 1927 steht zum Beispiel, die Hausfrau müsse dafür sorgen, dass alle Kinder unter 18 Jahren bereits gegessen hätten, ehe der Mann nach Hause komme. Arbeitenden Männern war es offenbar nicht zuzumuten, die Mahlzeit in Anwesenheit der Kinder einnehmen zu müssen. So ändern sich die Zeiten! Heute genießen wir es, gemeinsam mit unseren Kindern zu essen, und überlegen uns, wie wir sie dazu bringen, möglichst lange am Tisch sitzen zu bleiben.

Glücklicherweise existieren heutzutage also weniger unumstößliche Regeln und Vorstellungen als in vergangenen Tagen. Man kann sein Bedürfnis, sich wertvoll zu fühlen, auf verschiedenste Weise erproben, ein wenig experimentieren und sehen, wie weit man damit kommt. Wenn diese Bemühungen aber auf längere Sicht vergeblich sind, sie nicht fruchten, dann werden wir aggressiv. Darauf werde ich später noch zurückkommen.

Erwachsene sollten vor allem Folgendes wissen: Wenn sich beispielsweise ein Vater nicht als wertvoll erlebt, hat dies oft einen wahren Kern, weil er tatsächlich nicht so wertvoll ist, wie er es sein könnte. Er könnte es nämlich besser machen.

> *Wenn wir – die Erwachsenen – uns nicht als wertvoll erleben, hat dies stets einen wahren Kern. Dann brauchen wir den Dialog.*

Doch da wir über Generationen hinweg unseren Eltern keine Rückmeldung dazu gegeben haben, was nicht richtig gelaufen ist, haben sie immer nur gespürt, dass etwas nicht stimmt, und sich ratlos gefragt, wo bloß der Fehler liegt.

Natürlich sind persönliche Fehler stets ein wunder Punkt, was man schon daran erkennt, dass selbst die Fachleute in dieser Hinsicht lügen und beschwichtigen. Sie flüchten sich gern in Allgemeinplätze: dass Probleme vollkommen normal seien, dass es keine perfekten Eltern gebe und jeder eben so gut erziehe, wie er könne etc. Und wer wollte ihnen widersprechen? Auch meine Eltern haben quasi ihr Bestes gegeben, davon bin ich überzeugt. Doch meiner Meinung nach war es nicht gut, sie hätten es viel besser machen können. Ich mache ihnen keine Vorwürfe, sie sind deshalb keine schlechten Menschen, aber so ist es eben.

Ich treffe ständig Eltern, die mich nach ihren Fehlern fragen, und meistens frage ich zurück, ob sie das wirklich wissen wollen. Denn wenn ich es ihnen sage, spüren sie sofort, dass es wehtut. Aber es tut nur dann weh, wenn man glaubt, perfekt zu sein.

Im Restaurant geht es mir nicht anders, was wohl auch damit zu tun hat, dass ich selbst mal Koch war. Wenn mich also der Kellner fragt, ob es mir geschmeckt hat, dann frage ich zurück, ob er Wert auf eine ehrliche Antwort lege. Manche winken dann ab und sagen, dass sie diese Frage eben stellen müssen; andere hingegen wollen es wirklich wissen. Ihnen schenke ich reinen Wein ein, bringe also offen und ehrlich meine Wahrnehmung und meine Wahrheit zum Ausdruck, und genauso mache ich es mit den Eltern.

Für viele ist es eine schwer zu akzeptierende Wahrheit, dass man ein furchtbarer Vater oder eine schreckliche Mutter und zugleich ein wunderbarer Mensch sein kann. Doch vor allem hinsichtlich der Beziehung zu seinen eigenen Kindern sollte man sich diese Tatsache bewusst machen. Oft sind wunderbare Menschen ziemlich lausige Eltern. Sie machen es so gut sie können, aber leider reicht das nicht aus. Wenn ich also erlebe – und wir müssen durch unsere Erlebnisse lernen –, dass meine Frau oder mein Kind mir stets ein Nein entgegenbringen, dann zeigen sie mir damit, dass irgendwas im Busch ist, dass etwas grundsätzlich schiefläuft, da sie nicht mehr kooperieren wollen. Und wir sollten diese Erkenntnis zum Anlass nehmen, der Sache auf den Grund zu gehen.

Es ist eine schwer zu akzeptierende Wahrheit, dass man ein wunderbarer Mensch und zugleich ein furchtbarer Vater oder eine schreckliche Mutter sein kann.

Gemeinsame Kooperation

Ich erinnere mich an einen amerikanischen Schuldirektor, der alle vier Jahre in einem anderen Land als Rektor tätig war, was ihm große Freude bereitete, weil er auf diese Weise viele Nationen und Kulturen kennenlernte. Als er eines Tages an einer neuen Schule begann, an der es nicht sehr amerikanisch zuging, kam er auf die Idee, das Tragen von Schuluniformen einzuführen. Er setzte dieses Vorhaben in die Tat um, worauf alle Schüler fortan Uniformen trugen. Nur sein eigener 14-jähriger Sohn weigerte sich, es zu tun. Der Vater redete und argumentierte, setzte seinen Sohn unter Druck und konnte dessen Verweigerungshaltung überhaupt nicht nachvollziehen.

Erst im Laufe unseres Gesprächs wurde ihm klar, dass sich sein Sohn schon zu oft umorientieren und neuen Gegebenheiten anpassen musste. Alle vier Jahre war er dazu gezwungen worden, seine alten Freunde zu verlassen und abermals neue Freundschaften zu schließen. Alle vier Jahre musste er wieder umziehen und seine eigene Integrität opfern, um sich dem interessanten Leben seiner Eltern unterzuordnen. Kein Wunder, dass es ihm zu viel war. Und wenn es Kindern zu viel ist, dann legen sie den Finger immer genau dort in die Wunde, wo es uns wirklich wehtut. Was eigentlich sehr logisch und kein Mysterium ist.

Der Vater erklärte seinem Sohn daraufhin, dass es ihm leidtue, was dieser alles durchmachen müsse, und fragte ihn, ob er die Schuluniform nicht trotzdem tragen könne. Aber der 14-Jährige glaubte dem Vater nicht und weigerte sich weiterhin, denn 14-Jährige sind nur zu überzeugen, wenn sie die Änderungen selbst erleben. Vierjährige glauben noch daran, wenn ihre Eltern sagen, dass sie ab morgen alles anders machen. Dann legen sie ihre Symptome und Signale ab und vertrauen auf ihre Eltern. Falls die Eltern ihre eigenen Verhaltensweisen doch nicht ändern, kehren die Symptome zurück.

Der springende Punkt besteht darin, dass es nur mit gemeinsamer Kooperation geht. Wir müssen uns bewusst machen, dass immer dann, wenn wir Kinder »unmöglich« finden, unsere gemeinsame Kooperation auf dem Prüfstand steht. Mit ihr müssen wir uns befassen, nicht mit unserer Erziehung, weil das nicht funktioniert.

Mit Eltern im Gespräch

(Diese und die in den folgenden Kapiteln aufgeführten Gesprächsausschnitte sind einem Livevortrag in Freiburg entnommen.)

Eine Mutter: Ich habe eine Frage zum Thema Neinsagen. Wie soll das denn in der Schule funktionieren, da müssen sich die Kinder doch konform verhalten?
Jesper Juul: Das ist richtig, denn überall in Europa, speziell in Deutschland und Österreich, will man vor allem gehorsame Kinder haben. Deshalb sollten die Eltern ihren Kindern rechtzeitig den Rücken stärken, sonst überleben sie diese Schulen nicht. Man kann einem Sechs- bis Neunjährigen durchaus erklären, dass man zu gewissen Dingen in der Schule nicht Nein sagen kann, sondern einfach mitmachen muss. Die Kinder schaffen es auch meistens mitzumachen, aber sie benötigen dafür diese Anerkennung und Rückenstärkung ihrer Eltern. Die Schulen wollen in der Regel, dass die Eltern die Schulphilosophie vertreten und nicht aufseiten der Kinder stehen, aber das macht Kinder nur einsam. Deshalb ist es extrem wichtig, zu hundert Prozent hinter den Kindern zu stehen.

Darüber hinaus sollten wir unseren Kindern frühzeitig beibringen, mit gutem Gewissen Nein zu sagen. Mein Buch, das den deutschen Titel *Nein aus Liebe* trägt, heißt eigentlich *Die Kunst, mit gutem Gewissen Nein zu sagen*. Das gute Gewissen ist ein entscheidender Punkt. Die meisten Lehrer fühlen sich provoziert, wenn ihnen die Kinder ein freches oder aggressives Nein entgegenschleudern, doch wenn ein Kind ganz ruhig dasteht und ebenso freundlich wie entschieden Nein sagt, dann wissen die Lehrer nicht, was sie tun sollen.

In Deutschland und Österreich begegnen mir oft Eltern, die über die starke Fluktuation von Lehrkräften klagen und von individuellen Problemen mit bestimmten Lehrern berichten. Der eine würde ihre Tochter unterschätzen, der andere sie zu wenig beachten, ein Dritter habe sie auf dem Kieker. Die Eltern fragen sich in so einer Situation manchmal, ob sie das Kind auf eine andere Schule geben oder gar umziehen sollen. Doch davon rate ich vehement ab, denn es ist wichtig für Kinder, auch mit schwierigen Menschen oder meinetwegen regelrechten Idioten zurechtzukommen, und man kann von Glück sprechen, wenn sie bislang nur einen einzigen schlechten Lehrer hatten. Den Lehrern selbst gelingt es auch nicht immer, einen richtigen Draht zu einzelnen Schülern zu finden, und auch damit müssen die Kinder zurechtkommen. Letztlich sind dies alles nützliche Erfahrungen, deshalb sollten wir gar nicht erst versuchen, unsere Kinder vor ihnen zu schützen.

Andere Mutter: Es gibt eine Veranstaltung mit dem Titel *Die Schule träumen*. Wie sollte Ihrer Meinung nach so eine Schule aussehen?
Jesper Juul: Zu diesem Thema habe ich ein eigenes Buch geschrieben. Dennoch muss ich einräumen, dass ich bei der ganzen Schuldebatte keine großen Hoffnungen mehr habe, da stets

die falschen Prioritäten gesetzt werden. Immer geht es um strukturelle Dinge, ob man beispielsweise mehr Ganztagesschulen will oder nicht, aber das ist eigentlich nicht wichtig. Wichtig ist die Erkenntnis, dass die Schulen nicht in der Lage sind, professionellen Lehrern einen hochwertigen und attraktiven Arbeitsplatz zu bieten. Oft hapert es bereits an den Führungskräften, und wenn es uns schon nicht gelingt, dort gute Arbeitsplätze für die Erwachsenen zu etablieren, dann können wir auch kein fruchtbares Umfeld für unsere Kinder schaffen.

Es ist wie in der Familie: Den Kindern kann es nur gut gehen, wenn es den Erwachsenen gut geht. Wir reden meiner Meinung nach nicht über Inhalte, denn Schulen sind politische Instrumente. Inzwischen bekommen unsere Bildungspolitiker eine kollektive Psychose, sobald die Ergebnisse der neuesten PISA-Studien vorliegen, und meinen dann, sofort alles besser machen zu müssen.

Doch wir sollten lieber darüber reden, dass es auch in der Schule um zwischenmenschliche Beziehungen geht, und uns mit der Frage beschäftigen, warum so vielen Lehrern die Freude an ihrer Arbeit vergangen ist. Denn die Lehrer befinden sich stets in der Defensive und leiden unter den täglichen Übergriffen auf ihre Autorität und ihre Grenzen. Deshalb hat es keinen Sinn, zwischen Eltern, Lehrern und Schülern zu polarisieren. Viele Eltern fordern ganz naiv, die Schule solle für ihre Kinder da sein. Aber Schulen sind nicht für Kinder da, sind es nie gewesen. Schulen sind Pflicht, sie dienen der Gesellschaft und sind eine pädagogische Zwangsveranstaltung, die etwa zehn Jahre lang dauert.

In erster Linie sollte in den Schulen eine gute Kooperation zwischen Lehrern und ihren Vorgesetzten stattfinden, dann zwischen Lehrern und Schülern, und danach zwischen Lehrern und Eltern. Aber in ganz Europa beschäftigt sich die Lehrerausbildung nicht damit, wie man als Lehrer einen sinnvollen Kontakt zu einzelnen Schülern oder zu deren Eltern aufbaut. Die Lehrer benehmen sich wie Amateure, weil sie Amateure sind, was man ihnen nicht vorwerfen kann. Schließlich werfe ich einem Metzger auch nicht vor, dass er kein Bäcker ist. Natürlich gibt es auch unter den Lehrern hin und wieder Naturtalente, doch die meisten, denen ich begegne, sind in der Defensive. Sie klagen ständig, sind mit ihren Lieferanten unzufrieden und zweifeln an ihrer Profession. Es ist eine einzige Tragödie. Ob es eine Ganztagstragödie oder eine Teilzeittragödie ist, spielt dabei nur eine untergeordnete Rolle.

Ein Vater: Meine Frage lautet, was zu tun ist, wenn ich sehe und spüre, dass mein Kind nicht kooperiert. Wenn es immerzu Nein sagt, dann ist das eine Erkenntnis, aber was fange ich damit an?
Jesper Juul: Geben Sie mir bitte ein Beispiel.
Vater: Händewaschen vor dem Essen, ins Bett gehen usw. Ich gebe Ich-Botschaften und sage, wie wichtig mir das ist, bekomme aber immer ein Nein zur Antwort. Ob wir in den Kindergarten wollen oder sonst was, immer sagt meine fünfjährige Tochter Nein.
Jesper Juul: War es schon immer so? Auch schon ganz früh auf der körperlichen Ebene?
Vater: Ja.
Jesper Juul: Macht sie es trotzdem? Und wenn man nachfragt …?
Vater: Dann sagt sie, dass sie keine Lust hat.
Jesper Juul: War es in Ihrer Familienkultur immer wichtig, Lust zu haben?
Vater: (ein wenig ratlos) Ja … ich denke, schon.
Jesper Juul: Ich frage das, weil das Wort »Lust« in den letzten 20 Jahren eine bemerkenswerte Entwicklung durchlaufen hat. Im-

mer häufiger wurde gefragt, ob jemand Lust hat, dies oder jenes zu tun. Dadurch erhielt das Wort eine symbolische Bedeutung. Wer es benutzte, brachte gewissermaßen seine demokratische Gesinnung sowie seine Abneigung gegen jeglichen Zwang zum Ausdruck. Das ist die Botschaft, die dahintersteht.

Ich habe schon oft gesagt, dass ich dieses Wort verbieten würde, wenn ich das könnte. Man sollte Kinder nie fragen, ob sie Lust haben – es sei denn, es geht um Süßigkeiten oder Eis. Denn auf diese Weise signalisieren wir ihnen, dass es das Wichtigste ist, zu etwas Lust zu haben, und wenn sie keine Lust haben, dann wissen die Kinder nicht, wie sie damit umgehen sollen.

Ich muss zugeben, dass meine Generation die Schuld daran trägt, dass es dieses Lust-Wort gibt. Wir wollten endlich mit dieser überkommenen Lehre von den Pflichten brechen und die Freiheit des Individuums betonen, aber das war in erster Linie politisch gemeint.

Mein Sohn hat mich schon sehr früh aus diesem Dilemma befreit, indem er mir einmal die Antwort gab, dass er keine Lust hätte, den Müll runterzutragen. Im Dänischen kann man sagen, dass man »Unlust« hat. Ich war verwirrt und entgegnete, dass er ja keine Lust haben müsse, er könne den ganzen Weg rauf und runter gehen, ohne Lust zu haben, Hauptsache, er mache es. Danach kam die Frage nach Lust oder Unlust nie wieder.

Wir müssen uns von der Vorstellung lösen, dass wir die Integrität eines Kindes verletzen, wenn wir ihm etwas vorschreiben, statt uns zu erkundigen, ob es auch Lust dazu habe. Statt uns nach seiner Lust zu erkundigen, sollten wir das Kind lieber fragen, was es *will*. Denn *das* ist wichtig, und da habe ich ein großes Problem mit den deutschen Müttern, weil sie immer so schrecklich nett sein wollen und fragen, ob das Kind dieses oder jenes *möchte*. Man formuliert quasi im Konjunktiv, was beim Bäcker oder im Bus funktionieren mag, nicht jedoch in Liebesbeziehungen: »*Also wenn es für dich in Ordnung ist, dann wäre es vielleicht schön für mich, wenn du eventuell deine Zähne putzen möchtest.*«

Die Kinder hören das und antworten frei heraus, dass sie es nicht möchten. Ab morgen fragen wir also das Kind, was es *will* – aber nicht in der Art, dass wir uns eventuell darüber freuen würden, wenn es uns seinen Willen bekundet, sondern direkt und ohne Umschweife: »Was willst du?« Wenn das Kind entgegnet, dass es das doch schon gesagt habe, kann man erwidern, dass es nur gesagt hat, worauf es Lust hat, aber nicht, was es will.

Man muss bedenken, dass ein Kind darin keinen Unterschied sieht, aber das ist der Fehler der Erwachsenen. Es sollte uns gelingen, die Kinder ihren eigenen Willen spüren zu lassen, sonst können sie sich im Leben keine Ziele setzen. Denn wenn man ein selbst gestecktes Ziel erreichen will, muss man oft Dinge tun, zu denen man keine Lust hat.

Im Leben eines Kindes gibt es vieles, das es tun muss: Zähne putzen, Hände waschen, schlafen etc. Wenn man mit einer Fünfjährigen jeden Tag über diese Dinge diskutieren muss, dann ist etwas schiefgelaufen. Bei Zwei- bis Vierjährigen ist das noch okay, aber dann sollte diese Phase vorbei sein. Manchmal haben Eltern auch das Gefühl, besonders autoritär sein zu müssen, weil ihre starken Kinder darauf bestehen, nur das zu tun, was sie selbst wollen. Doch ich glaube nicht, dass dies bei Ihnen der Fall ist.

Mutter: Meine Tochter beschwert sich schon darüber, dass sie so vieles tun *muss* … im Kindergarten, zu Hause, mit der Schwester usw., aber das müssen andere Fünfjährige ja auch.

Jesper Juul: Okay, dann brauchen Sie noch ein Gespräch mit einem anderen Anfang. Sie können Ihrer Tochter mitteilen, dass Sie das Gefühl haben, dass alles, was Sie sagen, bei ihr wie ein Befehl ankommt. Dass es so aber nie gemeint war und auch jetzt nicht so gemeint ist. Und dann sollten Sie versuchen, andere Formulierungen zu finden, denn das Gegenteil eines Befehls ist ja nicht, dass man tun kann, was man will. Man hat nun mal die Eltern, die man hat, und damit muss das Kind zurechtkommen. Auch wenn Ihre Tochter das merkwürdig finden mag, können Sie ihr sagen, dass Sie all das, was sie tut (ihre Kooperation), sehr zu schätzen wissen, und dass es wohl etwas zu viel war.
Ist Ihre Tochter verbal sehr gut?
Mutter: Ja.
Jesper Juul: Gut, dann können Sie ihr auch sagen, dass Sie ihre Hilfe brauchen, damit Sie es anders machen können. Sie können ihr beispielsweise erklären, dass sich auch alle ihre Freundinnen die Zähne putzen und die Hände waschen. Dass alle Menschen das tun, es also nichts Besonderes ist. Sie können Ihre Tochter fragen, was Sie machen sollen, damit sie sich ihre Zähne putzt. Und dann muss man genau zuhören. Wahrscheinlich kann sie Ihnen nicht sofort sagen, was ihre Eltern machen sollen. Sie befindet sich noch in einer Phase, in der sie nur weiß, was die Eltern *nicht* machen sollen, aber in einigen Monaten wird sie artikulieren können, was sie sich von ihren Eltern wünscht. Doch dazu ist ein rituelles Gespräch nötig, das heißt, man setzt sich zusammen und stellt fest, dass sowohl die Eltern als auch die Tochter nicht zufrieden sind, dass die Eltern hierfür die Verantwortung tragen und man gemeinsam nach einer Lösung suchen will. Mehr sollte man in diesem Moment nicht sagen. Vor allem sollte man sich davor hüten, das Kind zu manipulieren. Viele Eltern versuchen ja, die gute Stimmung des

Augenblicks auszunutzen und konkrete Vorschläge zu machen. Und die Kinder gehen darauf ein, weil sie ihre Eltern lieben, haben aber nicht die Zeit, um wirklich zu überlegen, wie sie es gerne haben möchten. Deshalb bitte in diesem Moment noch keine Vereinbarungen treffen, sondern nur sagen, wie es ist.

Eine andere Mutter hat das Gefühl, zu lange über ihre eigenen Grenzen hinweggegangen zu sein. Sie habe eine dreijährige Tochter, deren Bedürfnis nach Aufmerksamkeit sehr ausgeprägt sei. Sie habe sich stets bemüht, dieses Bedürfnis zu befriedigen, damit es irgendwann gestillt wäre.
Mutter: Doch jetzt merke ich, dass es mir allmählich zu viel wird und ich dieses hohe Maß an Aufmerksamkeit nicht weiter aufrechterhalten kann. Wenn ich sage, dass ich mal fünf Minuten nicht schaue, was sie macht, wird sie sehr aktiv, um meine Zuwendung zu erlangen. Ich soll ständig schauen, was sie tut – sie will immer gesehen werden. Und wenn ich versuche, meine Grenzen zu wahren, klammert sie sich regelrecht an mich und kämpft umso verbissener um meine Aufmerksamkeit. Ich wünschte, sie würde damit aufhören, aber ich weiß nicht, wie ich ihr das sagen soll, ohne kategorisch zu erklären, dass jetzt Schluss ist.
Jesper Juul: Diese Frage betrifft sehr viele Eltern, die sich in derselben Situation befinden. Das scheint mir die Folge eines Missverständnisses zu sein, das dadurch zustande kam, dass wir – und damit meine ich die Fachleute – so lange dafür plädiert haben, unseren Kindern mehr Aufmerksamkeit zu schenken und sie ins Zentrum zu rücken. Das geht auf eine Entwicklung zurück, die in den 1960er-Jahren begann. Eltern klagen oft darüber, dass ihre Kinder so viel Aufmerksamkeit beanspruchen, und es ist tatsächlich so, dass sie viel fordern, doch glücklicherweise brauchen sie weniger als sie fordern. Aber das wissen die

meisten Eltern nicht. Irgendwann haben sie das Gefühl, dass es fünf vor zwölf ist, weil sie merken, dass ihr Kind nie genug bekommt und nie zufrieden sein wird. Was meistens daran liegt, dass Kinder *gesehen* werden möchten, die meiste Zeit aber nur *beobachtet* werden. Viele Eltern gehen dazu über, ihnen nur noch widerwillig Aufmerksamkeit zu schenken, weil sie eigentlich lieber lesen oder etwas anderes machen möchten. Die Kinder haben sich aber inzwischen an die ständige Aufmerksamkeit ihrer Eltern gewöhnt, sind regelrecht süchtig danach. Wenn eine Mutter daraufhin gewisse Aggressionen in sich spürt, ist das eine gesunde Reaktion. Wir wollen ja stets wertvoll für unsere Kinder sein, und wenn wir eine Blockade in unserem Kontakt spüren, werden wir aggressiv, weil wir uns sogleich weniger wertvoll fühlen. Dabei übersehen wir die simple Tatsache, dass es für Kinder absolut nicht notwendig ist, dass wir ständig über unsere Grenzen hinausgehen. Ich kann das nur wiederholen: Kinder brauchen das wirklich nicht. In den ersten sechzehn, siebzehn Monate schon, da müssen wir stets zur Verfügung stehen, aber dann muss man damit anfangen, Nein zu sagen, auch wenn dies erst einmal zu heftigen Konflikten führen kann. Deshalb schreibe ich in meinem Buch *Nein aus Liebe*, dass ein Nein zu meinem Kind bedeutet, dass ich Ja zu mir selbst sage, zu meinen eigenen Bedürfnissen. Es hat nichts damit zu tun, dem Kind die kalte Schulter zu zeigen. Es geht ausschließlich darum, dass ich zu mir selbst stehe. Dass ich ein Mensch bin, nicht nur Mutter oder Vater, und dass ich weder gewillt noch in der Lage bin, mein Kind rund um die Uhr zu bedienen.

Ein gutes Beispiel hierzu bietet folgende Geschichte: Eine Mutter bekam ein sehr gutes Jobangebot und der Vater übernahm für drei Jahre die häuslichen Aufgaben. Das Kind war zu diesem Zeitpunkt zweieinhalb Jahre alt. Die Eltern kamen zur

Beratung zu mir, weil sich der Vater als Mann abgelehnt fühlte und seine Frau nicht wusste, wie sie damit umgehen sollte. Sie beschrieb das folgendermaßen: »Wenn ich zwischen 18 und 19 Uhr von der Arbeit nach Hause komme, wartet mein Sohn schon sehnsüchtig auf mich und will mir alles erzählen, was er tagsüber erlebt hat. Dann fordert er meine ganze Aufmerksamkeit und belagert mich geradezu, bis ich ihn irgendwann ins Bett bringe, wobei ich manchmal selbst einschlafe. Aber ich will meinen Mann nicht bitten, unseren Sohn ins Bett zu bringen, weil dann bestimmt das Argument käme, dass ich doch sowieso den ganzen Tag nicht da bin und kaum Zeit mit meinem Sohn verbringe.«

Die Lösung des Problems könnte darin bestehen, dass die Mutter ihren Sohn auf den Arm nimmt und ihm ein paar Minuten zuhört, ehe sie ihn absetzt und zu ihm sagt, dass sie jetzt mit seinem Vater reden wolle. Frauen fragen oft, ob sich das Kind dann nicht abgelehnt fühle oder böse werde, was zwar sehr wahrscheinlich, aber nur von kurzer Dauer ist – maximal vier Tage. Der Sohn bekommt natürlich Entzugserscheinungen, er kriegt seine Droge nicht und das ist erst mal furchtbar. Man sollte sich dann zu seinem Partner aufs Sofa setzen. Wenn der Sohn nach wenigen Minuten spürt, dass zwischen den beiden alles in Ordnung ist, wird er sich in den nächsten Tagen zwischen seine Eltern und danach neben sie setzen – und genauso sollte es sein. Denn zweijährige Kinder haben ja keine Ahnung, wie es sein sollte. Sie wissen nur, wie es bisher war: dass sie Eltern haben, die stets für sie da waren und ihnen sämtliche Zeit widmeten. Doch irgendwann müssen die Eltern damit beginnen, die Situation zu verändern und den Erfahrungsschatz ihres Kindes zu erweitern. Die Kinder haben damit im Prinzip keine Schwierigkeiten und nehmen dies – zumindest nach wenigen Tagen – gelassen zur Kenntnis.

Ein weiteres Beispiel handelt von einem Vater, der viel mit seinem Sohn unternahm. Die Eltern gaben in der Beratung an, dass der Sohn ein wenig schwierig sei und die Eltern sich oft nicht einigen könnten. Beide kamen aus Familien, in denen Gewalt ausgeübt wurde, und sie wollten deshalb keine Konflikte. Nachdem ich mit dem Vater geredet habe, hat er es am nächsten Abend ausprobiert und seinem Sohn gesagt, dass er etwas Neues gelernt hat.

Das deckt sich mit den Erfahrungen, die viele Frauen im Laufe der Geschichte gemacht haben. Sie glaubten stets zu wissen, was die Männer von ihnen erwarteten. Dass diese nur ihre Ruhe haben wollten und zufrieden wären, solange man tue, was sie sagten. Manche Frauen haben versucht, sich so zu verhalten, und sich dabei selbst aufgegeben. Die Männer waren damit allerdings in den seltensten Fällen zufrieden, sondern wandten sich oft anderen Frauen zu. Genauso ergeht es den Müttern, die ausschließlich für ihre Kinder da sein wollen. Ihnen sage ich immer, dass sie für ihre Kinder »gefährlich« sind, weil kein Kind je »zurückzahlen« kann, wenn seine Mutter ihr eigenes Leben aufopfert. Aber so können Dreijährige natürlich nicht denken. Kinder wollen ihre Mütter vereinnahmen, am besten vierundzwanzig Stunden am Tag. Deshalb müssen die Mütter auf Augenhöhe mit ihren Kindern reden und ihnen erklären, dass sie auch eigene Bedürfnisse haben, um die sie sich kümmern müssen. Was natürlich erst einmal dazu führen kann, dass der Sohn oder die Tochter frustriert ist, die Mutter beschimpft oder an ihr klebt.

Mutter: Ja, sie klebt an mir und das ist unangenehm.

Jesper Juul: Das ist sehr unangenehm, denn man benötigt quasi Säure, um den Klebstoff aufzulösen. Aber man sollte nicht zornig reagieren, sondern ebenso gelassen wie entschieden sagen, dass man gerade nicht will, und aus dem Zimmer gehen. In der traditionellen Psychologie hat man dieses Verhalten als »maskulines«, also unbedingtes Nein bezeichnet. Man beendet die Situation und die Kinder sind erst mal überrascht.

Mutter: Ja, aber dann hängt meine Tochter sofort wieder an meinem Bein. Wie soll ich mich in der Praxis verhalten? Soll ich mich einfach von ihr losreißen?

Jesper Juul: Nein, das dauert nur so lange, wie Sie ein schlechtes Gewissen haben.

Mutter: Okay, dann dauert es aber wahrscheinlich eine ganze Weile. Meinen Sie das ehrlich so?

Jesper Juul: Ja, ganz ehrlich. Wenn man Schuldgefühle und ein schlechtes Gewissen hat, ist man manipulierbar – von Erwachsenen genauso wie von Kindern. Und Ihre Tochter versteht ja selbst nicht, weshalb sie nie satt ist.

Mutter: Versteht es selbst nicht? Hat das also mit mir zu tun?

Jesper Juul: Ja, denn sie sagt ja, dass sie etwas Bestimmtes von Ihnen will – nur bekommt sie in letzter Zeit immer häufiger ein Ersatzprodukt. Ihre Tochter spürt, dass Sie eigentlich eine erwachsene Frau sein wollen, mit eigenen Bedürfnissen und verschiedenen Interessen, aber die Vollzeitmutter spielen müssen, weil sie selbst so unglücklich ist. Und Sie sind bereit, ihr alles zu geben, was jedoch nichts mit Liebe zu tun hat.

Früher hat man gesagt, dass Kinder Grenzen austesten. In Wahrheit testen sie aber nicht, wo die Grenzen liegen, sondern sie wollen den wahren Kern ihrer Eltern entdecken. Sie wollen wissen, was hinter dem Schauspiel der Eltern steckt. Sie wollen den eigentlichen Menschen sehen, wollen herausfinden, wie ihre Mutter jenseits der sanften Worte eigentlich ist. Wenn Ihre Tochter stark ist – und das scheint sie zu sein –, dann wird es einige Monate dauern, bis sie es glaubt. In dieser Zeit können Sie das Ganze gern mit ein wenig Humor betrachten, obwohl die Situation wirklich schwierig ist. Genauso schwierig wie für

Männer, die dreißig Jahre lang daran gewöhnt waren, dass ihre Frauen den gesamten Haushalt schmeißen, und nun plötzlich selbst bügeln sollen. Das irritiert sie natürlich, weil das Bügeln für sie auch mit Liebe zu tun hat. »*Wenn du das nicht mehr für mich tun willst, fühle ich mich nicht mehr geliebt*«, denken sie, und ebenso ergeht es den Kindern.

Kinder werden mit viel Weisheit, aber wenig Erfahrung geboren. Hierzu noch eine persönliche Geschichte: Meine Schwiegertochter ist in vielerlei Hinsicht genial. Ihr Sohn wollte von Anfang an beim Essen auf ihrem Schoß sitzen, was sie jedoch ablehnte, da sie in Ruhe essen möchte. Er sollte in seinem Kinderstuhl sitzen und durfte aufstehen, wenn er fertig war. Über Monate hinweg war er damit unzufrieden, versuchte es immer wieder und nörgelte viel. Dann fragte sie ihn mit neutraler Stimme, ob er Aufmerksamkeit haben wolle, und wenn er ja sagte, setzte sie ihn wieder zu sich an den Tisch, aber in seinen Kinderstuhl. Das tat sie so lange, bis er eines Tages sagte, dass er keine Aufmerksamkeit brauche, und wegging.

Ihr Nein hat es ihm ermöglicht, sich selbst kennenzulernen und zu spüren, wann er wirklich Aufmerksamkeit benötigt. Wir alle wollen beachtet und wertgeschätzt werden. Wir alle brauchen Aufmerksamkeit. Und es ist schön, wenn man danach fragen kann und seinen Wunsch erfüllt bekommt, ehe man sich wieder anderen Dingen zuwendet. Das gilt für Erwachsene gleichermaßen.

Deshalb ist es für die Erwachsenen so wichtig, diesen Teufelskreis der unstillbaren Bedürftigkeit zu durchbrechen, ohne den Kindern die Schuld in die Schuhe zu schieben. Und deshalb ist es quasi ein magischer Vorgang, wenn Eltern verbal die Verantwortung übernehmen und ihren Fehler eingestehen. Wenn sie einräumen, dass sie die Situation falsch eingeschätzt haben. Dass sie irrtümlich annahmen, das Kind glücklich zu machen, wenn sie sich ganz in seinen Dienst stellen, und dass sie dabei selbst unglücklich werden. Man kann seinem Kind erklären, dass man ja selbst unglücklich ist, wenn das Kind unglücklich ist. Dass man sich quasi als untrennbare Einheit betrachtet hat – wie siamesische Zwillinge –, nun aber weiß, dass man selbst ein Erwachsener ist und das Kind ein Kind. Dass man sein Kind zwar über alles liebt, aber auch seine eigenen Bedürfnisse hat.

Das klarzustellen ist unglaublich wichtig. Wer es versäumt, wird spätestens in der Pubertät einen riesengroßen Konflikt austragen müssen. Denn dann sagen die Kinder ihren Müttern auf den Kopf zu, dass sie endlich ihr eigenes Leben führen sollen.

2. Selbstvertrauen und Selbstgefühl

Einführung

Selbstvertrauen und Selbstgefühl sind wie zwei verschiedene Stiefel, der linke Stiefel passt eben nicht an den rechten Fuß. Dabei ist es ganz einfach: Das Selbstvertrauen bezieht sich auf das, was ich kann. *Ich kann zum Beispiel dreieinhalb Meter weit springen. Je besser wir eine Sache beherrschen, desto mehr vertrauen wir uns selbst. Selbstvertrauen entsteht proportional zu unseren körperlichen, geistigen, kreativen Leistungen auf den unterschiedlichsten Gebieten. Wenn wir etwas gut können, haben wir Selbstvertrauen.*

Das Selbstgefühl (früher Selbstwertgefühl) bezieht sich auf das, was ich bin. *Selbstgefühl ist die Fähigkeit, sich selbst wahrzunehmen und sich dazu emotional zu verhalten. Schwierig wird es, wenn wir den Unterschied zwischen Selbstvertrauen und Selbstgefühl nicht kennen und beide Begriffe in einen Topf werfen. Dann verwechseln wir »Können« und »Sein«, versuchen durch immer mehr Leistung, Zufriedenheit zu erzeugen, und wundern uns, dass die Zufriedenheit nur kurz anhält oder gar keinen Einfluss auf unser Selbstgefühl hat.*

Wie sorge ich denn dann für ein gesundes Selbstgefühl? Indem ich gut für meine eigene Integrität und die meines Kindes sorge: Wenn Eltern bewusst für die Integrität ihres Kindes sorgen, indem sie seine Versuche, sich abzugrenzen und sich zu zeigen, respektieren, schaffen sie eine optimale Grundlage zur Entwicklung seines gesunden Selbstgefühls. Mit einem gesunden Selbstgefühl entscheiden wir weitgehend intuitiv, was uns guttut und was nicht. Eine intakte Integrität, ein gut entwickeltes Selbstgefühl und eine Beziehung, in der Wachstum möglich und erwünscht ist, sind sozusagen die Grundlagen für gelingende Beziehungen zu unseren Kindern und Partnern. Wie also stärke ich mein eigenes Selbstgefühl? Indem ich im Einklang mit meinen Werten und gemäß meiner persönlichen Integrität handle.

Die Beschreibung eines geringen und eines gesunden Selbstgefühls könnte in diesem Zusammenhang für mehr Klarheit sorgen: Ein geringes Selbstgefühl und die dadurch eingeschränkten Möglichkeiten, mit seiner Integrität und inneren Verantwortlichkeit in Verbindung zu treten, erschweren es, konstruktive und persönliche Ziele zu formulieren und somit das Zusammenspiel mit anderen als wertvoll und befriedigend wahrzunehmen. Während Menschen mit einem gesünderen Selbstgefühl an ihrer natürlichen Autorität, ihrer authentischen Präsenz und ihrer nüchtern akzeptierenden Selbsteinschätzung zu erkennen sind, hat das geringere Selbstgefühl mindestens zwei verschiedene Erscheinungsformen, die man sehr vorsichtig wie folgt einteilen könnte: die eher nach innen gekehrten und die eher nach außen gekehrten Menschen. Beide beschriebenen Gruppen haben gemein, dass sie sich schwer dabei tun, ihre passende innere und äußere Größe zu finden. Ein Grund dafür könnte sein, dass sie keine oder nur ungenügende Vorbilder hatten und sich daraufhin entschlossen, zu improvisieren. Daraus können wir ableiten: Je besser es den wichtigen erwachsenen Personen im Leben eines Kindes gelingt, die eigene Integrität zu schützen und die des Kindes zu fördern, desto bessere Bedingungen hat das Kind bei der Entwicklung seines Selbstgefühls.

Ein gut entwickeltes, gesundes Selbstgefühl entsteht auch, wenn wir Wertungen durch Feststellungen ersetzen. »Ich habe Platt-

füße und hasse mich dafür«, *wäre zum Beispiel eine negative Wertung gegenüber dem, was ich über mich selbst weiß. Mit einem gesünderen Selbstgefühl kann ich gelassen feststellen:* »*Ich habe Plattfüße, so bin ich eben gebaut.*«

Solch eine nüchterne und akzeptierende Selbsteinschätzung trägt wesentlich zur Verbesserung unserer persönlichen Umstände bei. Sie ermöglicht es uns, mit schwierigen Situationen leichter zurechtzukommen. Wir sollten uns stets vergegenwärtigen, dass unsere negativen Wertungen nicht unserem wahren Selbst entsprechen, sondern nur der Kritik, die wir durch andere erfahren haben. Wir haben mit diesen Menschen in der Hoffnung kooperiert, dass sie es besser wissen als wir selbst – manchmal auch aus Angst, was passieren würde, wenn wir unsere eigenen Wahrnehmungen und Gefühle zum Ausdruck bringen würden.

Selbstgefühl ist nicht gleich Selbstvertrauen

Ich selbst gehöre einer Generation an, die ohne Selbstgefühl großgeworden ist. Da ich mittlerweile jedoch etwas Selbstvertrauen aufgebaut habe, gelingt es mir inzwischen sogar, öffentliche Vorträge zu halten.

Vor circa 40 Jahren arbeitete ich als Sozialpädagoge mit schwer belasteten Kindern und Jugendlichen, und uns wurde damals ständig gesagt, dass wir vor allem das mangelnde Selbstvertrauen dieser Jugendlichen stärken müssten. Demzufolge haben wir ihnen verschiedenste Angebote gemacht – Sport, Werken, Theater, Musik etc. –, die ihnen helfen sollten, ein gesundes Selbstvertrauen zu entwickeln. Wir mussten jedoch schon bald feststellen, dass diese Maßnahmen nicht den gewünschten Erfolg brachten. Die Jugendlichen entwickelten zwar ein wenig Selbstvertrauen, aber das brachte sie in ihrem Leben nicht wirklich weiter. Da kamen uns die ersten Zweifel, ob unser Ansatz überhaupt der richtige sei. Wir hatten angenommen, das Selbstvertrauen der Jugendlichen stärken zu müssen, weil diese zahlreiche Verluste und Niederlagen erlitten hatten, also wollten wir ihnen gewissermaßen durch viele kleine Siege auf die Sprünge helfen. Offensichtlich waren wir dabei aber auf der falschen Spur.

In meiner Zeit als Psychotherapeut habe ich dann entdeckt, dass uns in großen Teilen Europas ein Übersetzungsfehler unterlaufen war, der dazu beigetragen haben könnte. Es gibt in der Pädagogik zwei Begriffe, die wie viele andere aus dem Amerikanischen übernommen wurden:

self-esteem = Selbstgefühl und *self-confidence* = Selbstvertrauen

Die Amerikaner betonten stets, dass die Kinder *self-esteem* aufbauen sollten. In der Praxis wird jedoch auch in den USA seit Jahrzehnten vor allem das Selbstvertrauen gestärkt, indem Leistung gefordert und Lob verteilt wird. Und jeder, der sich dafür interessiert, kann sehen, was dabei herausgekommen ist – mehrere Generationen Menschen, die ein überentwickeltes Ego, aber ein unterentwickeltes Selbstgefühl haben. Dasselbe geschieht derzeit in Europa. Denn einem verhältnismäßig neuen Trend zufolge werden Kinder für alles Mögliche gelobt, selbst für natürlichste und banalste Handlungen. Ob sie auf die Toilette gehen, ob sie essen, schlafen oder aufwachen – man lobt sie quasi rund um die Uhr nach der schlichten Devise: Ich lobe dich, also liebe ich dich. Oder: Ich liebe dich, weil ich dich lobe. Aber das ist ein gedanklicher Kurzschluss, der mehr Schaden als Nutzen bewirkt, weil er Kindern in keiner Weise hilft, ihr Selbstgefühl zu verbessern.

Auf die entscheidende Bedeutung des Selbstgefühls bin ich als Therapeut einmal von einer jungen, hübschen Klientin gestoßen worden, wofür ich ihr immer noch dankbar bin. Nachdem wir ein paar Stunden miteinander gesprochen hatten, sagte sie mir auf den Kopf zu: »Jesper, wenn du nicht begreifst, dass man gut aussehen und trotzdem kein Selbstgefühl haben kann, dann muss ich mir einen anderen Therapeuten suchen.« Rums, das hatte wirklich *gesessen*!

Um ein intaktes Selbstgefühl zu besitzen, sind wir darauf angewiesen, von anderen Menschen wahrgenommen, also im umfassenden Sinne »gesehen« zu werden.

Für Kinder ist es lebenswichtig, von ihren Eltern gesehen zu werden. Menschen, die eine Behinderung haben, die entweder außerordentlich oder nicht sehr attraktiv sind, fühlen sich oft nicht richtig gesehen, sondern nur beobachtet. Diese Menschen können natürlich viel Selbstvertrauen besitzen, doch meistens haben sie wenig Selbstgefühl. So wie die junge Klientin, von der ich gerade berichtet habe.

Natürlich ist es gut und wichtig, das Selbstvertrauen unserer Kinder zu stärken. Pädagogen aller Art haben sich schon immer dieses Werkzeugs bedient. Wir müssen jedoch stets im Auge behalten, dass sich das Selbstvertrauen eines Menschen proportional zur Qualität seiner Leistungen verhält. Zwei Beispiele:

- Da ich nicht viel von Mathematik verstehe, ist mein Selbstvertrauen in diesem Bereich ziemlich gering, was jedem verständlich sein dürfte.
- Wenn ich ein leidenschaftlicher Fußballer bin, aber erken-

nen muss, dass meine Fähigkeiten nicht ausreichen, um die Profilaufbahn einzuschlagen, leidet darunter mein Selbstvertrauen als Fußballer.

So ist es in jedem Bereich, weil Selbstvertrauen stets von dem handelt, was wir *können*, von unseren konkreten Fähigkeiten bzw. unserem Unvermögen, bestimmte Dinge zu *leisten*.

> *Mein SelbstVERTRAUEN verhält sich proportional zur Qualität meiner Leistungen.*

Aus der Perspektive eines Psychologen ist Selbstvertrauen eigentlich eine recht uninteressante Größe. Man mag sich überlegen, wodurch es bei manchen Menschen beeinträchtigt wird und wie man es stärken kann. Die entscheidende Frage lautet aber vielmehr, wie es um das Selbstgefühl steht.

> *Ein gesundes SelbstGEFÜHL bedeutet, in der Lage zu sein, sich selbst nüchtern, nuanciert und akzeptierend zu betrachten.*

Das Selbstgefühl kann mehr oder weniger *gesund* oder *intakt* sein. Mit den Adjektiven *groß* oder *klein* lässt sich seine Qualität nicht beschreiben. Kategorien wie richtig oder falsch, gut oder schlecht, positiv oder negativ haben in diesem Kontext nichts zu suchen. Denn Menschen sind von Natur aus weder richtig noch falsch, gut oder schlecht, sondern sie *sind*. So ist es. Wir können Menschen moralisch beurteilen, aber das ist nicht unser Ansatz.

Man kann vierzig Jahre lang ein recht gutes und zufriedenes Leben führen, um plötzlich zu begreifen, dass man eigentlich kein gesundes Selbstgefühl hat. Diese Erkenntnis mag eine Erleichterung sein, kann einen traurig oder zornig machen, doch indem man beginnt, diesen Umstand zu reflektieren, wird das Selbstgefühl schon ein wenig ausgeprägter.

Die Frage lautet vielmehr, was man über sich selbst weiß und wie man sich dazu verhält. Man kann es testen, wenn man mit kleinen Kindern zusammen ist. Kinder stupsen mir oft einen Finger in den Bauch und sagen mir, wie dick ich bin. Und sie haben ja Recht, haben das zweifellos richtig beobachtet. Aber wie fühle ich mich dabei? Für mich ist es okay, weil die Kinder in der Regel nur neugierig sind. Die meisten Eltern schämen sich jedoch dafür, weil sie denken, dass man so etwas nicht sagen darf. Womit sie deutlich machen, dass Erwachsene anders denken als Kinder. Sie denken nämlich, dass es nicht gut ist, wenn jemand dick ist. Der Dicke sollte lieber dünn sein, deshalb darf das Kind so etwas nicht sagen. Aber das Kind weiß noch nicht, dass es falsch ist, dick zu sein. Man kann deshalb nur selbst entscheiden, wie es um das eigene Selbstgefühl steht. Wichtig ist nicht, was andere sagen, sondern wie ich mich dazu verhalte, dass ich zum Beispiel dick bin.

Die beiden Dimensionen des Selbstgefühls

Das Selbstgefühl hat zwei Dimensionen, eine quantitative und eine qualitative. Bei der quantitativen Dimension geht es darum, wie gut ich mich selbst kenne. Die qualitative Dimension handelt davon, wie ich mich demgegenüber verhalte, was ich weiß. Wie ich also zu mir selbst stehe; was ich über mich denke und fühle.

Die quantitative Form, also Selbsterkenntnis, entwickelt sich – ob wir das wollen oder nicht – ein ganzes Leben lang.

Unsere individuellen Unterschiede im Denken und Diskutieren zu entdecken, ist schon für Kinder von großer Bedeutung.

Wenn ich in etwa weiß, wie ich bin, kommt die qualitative Dimension hinzu. Möglicherweise bemerke ich an mir selbst, dass meine Rhetorik stets aggressiv wird, sobald ich mehr als drei Biere getrunken habe, aber wie verhalte ich mich zu dieser Erkenntnis? Wenn mein Selbstgefühl intakt ist, dann weiß ich, dass ich eben nicht mehr als drei Biere trinken sollte. Falls ich aber mit Selbstkritik, Schuldgefühlen und schlechtem Gewissen beladen bin, fällt es mir vermutlich schwer, diese simple Tatsache einfach zu erkennen und zu akzeptieren. Ein intaktes Selbstgefühl ermöglicht Selbststeuerung. Als Eltern liefern wir dazu das Rollenmodell.

Wie sich Eltern gegenüber ihren Kindern verhalten, so verhalten sich diese auch sich selbst gegenüber.

Ungeachtet aller kulturellen Unterschiede wird das Verhalten von Kindern sich selbst gegenüber maßgeblich von ihren Eltern geprägt: Wenn wir das, was in ihnen vorgeht, ernst nehmen, werden sie dies selbst einmal tun können. Die Studien des Schweizer Kinderarztes Remo Largo belegen eindeutig, wie sehr wir ein Leben lang davon profitieren, wenn uns möglichst frühzeitig im Leben die Verantwortung für unsere Grundbedürfnisse übertragen wird.

Zwang, Manipulation oder Eigenverantwortung?

Remo Largo hat im Laufe seiner fünfundzwanzigjährigen Forschungsarbeit über das Essverhalten von Säuglingen und Kleinkindern festgestellt, dass Kinder von Beginn ihres Lebens an in der Lage sind, die Verantwortung für ihren Appetit zu übernehmen. Außerdem hat sich gezeigt, dass diejenigen, denen diese Verantwortung zugestanden wird, sich besser entwickeln.

In meiner Kindheit war es üblich und galt sogar als modern, ein Kind zu einem bestimmten Zeitpunkt mit einer bestimmten Menge zu füttern. Verweigerte das Kind die Nahrungsaufnahme, so wurden ihm die Hände festgehalten und der Mund gewaltsam geöffnet, indem man Druck auf den Kiefer ausübte. Das war eine Form der Zwangsernährung. Meine eigene Generation war natürlich gegen jede Form der Gewalt, aber die Grundüberzeugung war dieselbe. Auch wir glaubten zu wissen, wann das Kind hungrig zu sein und wann es zu essen habe. Also versuchten wir es mit Manipulation, veranstalteten Fliegerspiele und ließen uns die seltsamsten Dinge einfallen, um das Kind irgendwie zum Essen zu bewegen.

Es ist eine abwegige Vorstellung, dass Menschen, die hungrig sind, nicht essen wollen.

Heutzutage ist sich die Forschung einig, dass wir die Verantwortung für die Nahrungsaufnahme möglichst frühzeitig in die Hände der Kinder legen sollten. Was für uns Eltern keineswegs bedeutet, dass wir nun arbeitslos oder zur Untätigkeit verdammt sind. Manche Kinder wollen auch gern gefüttert werden, doch im Grunde sollten wir uns gerade über diejenigen freuen, die den Löffel festhalten und ihre Nahrungsaufnahme selbst kontrollieren möchten.

Was sollten wir also tun, wenn ein Kind die Hälfte dessen, was sich auf seinem Teller befand, aufgegessen hat, dann die Lippen aufeinanderpresst oder den nächsten Happen wieder ausspuckt? Eltern, die etwas über das Selbstgefühl wissen, lehnen sich in diesem Moment entspannt zurück, schauen ihr Kind freundlich an und fragen es: »Aha, du bist also satt?«

Für das Kind ist das unendlich wichtig, weil es ein Wort für sein Körpergefühl erhält. Es lernt, dass es »satt« ist, wenn sich dieses Körpergefühl einstellt. Das freundliche Gesicht der Eltern ist ebenfalls wichtig, weil das Kind dadurch erfährt, dass es in Ordnung ist, satt zu sein. Und wenn es schließlich sprechen lernt, kann es dieses Wort benutzen und braucht sein Essen nicht mehr auszuspucken.

Anerkennung als Schlüssel

Was durch so eine Interaktion geschieht, lässt sich wunderbar mit dem deutschen Wort *Anerkennung* zum Ausdruck bringen. In keiner anderen Sprache gibt es diesen Begriff. Und Anerkennung ist von großer Bedeutung. Indem ich mein Kind freundlich frage, ob es satt, traurig oder müde ist, lernt es zum einen seine Gefühle kennen und zum anderen, sie in Worte zu fassen. Leider verhalten wir uns noch allzu oft wie die Eltern früherer Generationen, deren bevormundende Erziehung weiterhin ihre Spuren hinterlässt.

Manche Philosophen betonen, das Leben sei kein Wunschkonzert und wir könnten nicht immer so leben, wie wir *wollten*, was natürlich richtig ist. Und viele Menschen, die in meinem Alter oder etwas jünger sind, befürchten, dass wir mit einer anerkennenden Einstellung eine Gesellschaft von Egozentrikern schaffen. Doch jetzt, ungefähr dreißig Jahre nachdem wir damit begonnen haben, uns unseren Kindern gegenüber anerkennend zu verhalten, sehen wir mehr und mehr (junge) Erwachsene, die ein gesundes Selbstgefühl haben. Wir bemerken, dass diese in sich ruhen, eine hohe soziale Kompetenz besitzen und sich oft unbewusst wie Mediatoren verhalten. Außerdem wäre anzumerken, dass ein gesundes Selbstgefühl den jungen Leuten auch beim Lernen hilft, was ja nur logisch ist, denn wer sich dumm und unzulänglich fühlt, tut sich schwer, Neues aufzunehmen.

Eltern fragen mich oft, wie sie ihren Kindern zu einem gesunden Selbstgefühl verhelfen können, worauf ich ihnen antworte:

> *Im Prinzip kommt es nur auf eines an: Kinder erleben zu lassen, dass sie eine konstruktive Bedeutung für das Leben ihrer Eltern haben und dieses seit ihrer Geburt bereichern.*

Dieses Erleben schafft das Fundament für ein gesundes Selbstgefühl. Was natürlich nicht nur, aber auch die Art und Weise betrifft, wie wir mit unseren Kindern kommunizieren, und zwar vom Säuglingsalter an. Ein Konflikt kann zehn Minuten oder zehn Tage lang dauern, und in dieser Zeit entdecken wir, dass wir etwas Neues über uns selbst gelernt haben. Aber es gibt nur wenige Eltern, die danach auf ihr Kind zugehen und ihm dafür danken, dass sie durch den Konflikt etwas Wertvolles erfahren haben. Die meisten Eltern sagen zu ihren Kindern, dass jetzt wieder alles gut sei, was jedoch impliziert, dass vorher etwas im Argen lag, was bei Kindern oft ein schlechtes Gewissen erzeugt. Wir alle sollten mit solchen Aussagen viel bewusster umgehen.

Ein Vorschlag an alle Eltern: Wenn der vierzehnte Geburtstag Ihres Sohnes oder Ihrer Tochter bevorsteht, dann überlegen Sie doch einmal in Ruhe, inwieweit und in welchen Bereichen Ihr Kind Ihr eigenes Leben bereichert hat, und sagen Sie es ihm genau so, wie es Ihnen durch den Kopf gegangen ist. Man kann sich vorstellen, dass in so einem Moment kein Auge trocken bleibt, weil wir uns alle gewünscht hätten, dass man so mit uns gesprochen hätte. Eltern sagen oft, dass sie ihre Kinder lieben, doch genau zu definieren, was einem das Kind bedeutet, ist etwas anderes. Man kann das seinem Kind jedes Jahr seines Lebens zum Geburtstag sagen. Man muss nur daran denken, mit Kindern genauso ernsthaft zu sprechen, wie man das mit Erwachsenen tun würde. Man sollte sich also nicht der althergebrachten »kinderfreundlichen« Sprache bedienen, sondern stets einen ganz natürlichen und persönlichen Ton finden. Auch einem sechs Monate alten Baby kann man schon erzählen, inwieweit es das Leben seiner Eltern verändert und bereichert hat. Das Baby hört die anerkennenden Worte und lernt so von Anfang an, was persönliche Sprache bedeutet, auch wenn es den Sinn der einzelnen Wörter noch nicht versteht.

Für Paarbeziehungen gilt selbstverständlich das Gleiche. Wenn eine Frau ihren Partner nach einer zehnjährigen Beziehung fragt, ob er sie noch liebe, dann steckt hinter dieser Frage meist eine gewisse Unsicherheit, ob man für den Partner immer noch wertvoll und bedeutsam ist. Schließlich bleibt heutzutage kaum noch jemand aus gesellschaftlichen Konventionen oder existenzieller Notwendigkeit zusammen. Und da Partnerschaft ausschließlich eine emotionale Wahl geworden ist, will man diese natürlich nur fortsetzen, wenn man sich nach wie vor durch den anderen bereichert fühlt. Deshalb ist Anerkennung so wichtig.

Vitamine fürs Selbstvertrauen: Lob & Kritik

So wie persönliche Anerkennung das Selbstgefühl stärkt, gibt es einen Faktor, der wie ein Vitamin für das Selbstvertrauen wirkt, nämlich Lob. Allerdings sollte man sich genau überlegen, in welcher Situation man ein Lob ausspricht. Ob man – gewissermaßen als Feedback – eine erbrachte Leistung oder gezeigte Gefühle lobt.

Eine typische Reaktion von Eltern ist folgende: Das Kind sitzt mit dem Vater zu Hause, fragt immer wieder, wann die Mutter nach Hause kommt, und malt schließlich ein Bild für sie. Als die Mutter erscheint, überreicht das Kind sein Bild mit den Worten: »Das ist für dich«. Die meisten Mütter bringen in so einer Situation ihre Bewunderung für das schöne Bild zum Ausdruck. Doch wer sein Kind genau beobachtet, der bemerkt, dass es ein wenig enttäuscht ist, denn die Botschaft des Bildes ist ja eigentlich, dass es die Mutter liebt und vermisst hat. Wenn es nun für das Bild gelobt wird, passt das nicht zu seinem Gefühl und verunsichert das Kind.

Dennoch wird es von diesem Lob abhängig. Es beginnt, das Lob einzufordern, und möchte in Zukunft stets wissen, ob es etwas gut gemacht hat beziehungsweise ob es gut genug ist. Wenn Eltern mir sagen, dass ihr Kind ständig nachfragt, ob es etwas gut gemacht hat, dann kann ich ihnen nur entgegnen, dass sie dieses Verhalten selbst ausgelöst haben, indem sie ihr Kind süchtig nach Lob gemacht haben.

Lob schadet im Allgemeinen nicht, doch sollte man es bewusster einsetzen, als wir es gemeinhin tun.

Wie sollte sich also eine Mutter verhalten, die von ihrer Tochter ein Bild geschenkt bekommt? Sie könnte einfach sagen, dass sie sich darüber freut, dass ihre Tochter etwas für sie angefertigt hat. Und natürlich könnte sie auch nachfragen, was das Kind genau gemalt hat, und sich die Details des Bilds zeigen lassen. Die meisten Kinder werden dann sehr aktiv, erzählen, was sie alles gemalt haben, und fühlen sich wertvoll, weil sie den Eltern etwas erklären, das diese nicht richtig erkennen können. Diese Form des Interesses ist für Kinder eine viel wertvollere Art der Anerkennung als das zuckersüße Lob für eine vermeintliche Leistung. Nur tun sich viele von uns damit schwer, weil wir keine Tradition besitzen, so etwas in die richtigen Worte zu fassen.

Mit der Gefährlichkeit des falschen und übertriebenen Lobs habe ich mich über mehrere Wochen hinweg in einer norwegischen Zeitung auseinandergesetzt, womit ich mir einige Sympathien verscherzt habe. Glücklicherweise kam mir ein 15-jähriges Mädchen zur Hilfe, das einen bewegenden Leserbrief schrieb. Sie berichtete, sie sei von klein auf mit Lob überhäuft worden, weil sie nicht nur in der Schule, sondern auch bei ihren Hobbys, in der Handballmannschaft etc. stets die Beste gewesen sei. Aber all das Lob habe sie innerlich ausgehöhlt, und allmählich habe sie begriffen, dass sie nichts mehr aus Freude tat, sondern nur noch, um gelobt zu werden. Blieb das Lob einmal aus, kam sie sich leer und verloren vor und geriet dadurch in eine tiefe Existenzkrise. Diese 15-Jährige beschrieb sehr eindringlich, wie eine gewisse Form des Lobs dem Selbstgefühl schaden kann. Denn auch ein Lob ist eine Bewertung, eine Art Schulnote, und instinktiv weiß der Gelobte sehr genau, dass zum Lob auch Kritik gehört, so funktioniert unser Gehirn nun mal.

Auch ein Lob ist eine Bewertung.

Deshalb empfehle ich, eine Zeitlang jeden Abend zu notieren, wie oft und bei welchem Anlass man seine Kinder gelobt hat, und dann darüber nachzudenken, was man anstelle des Lobs hätte sagen können. Wie man sich *persönlicher* hätte äußern können, statt eine Note zu verteilen, auch wenn es eine gute Note war. Man kann schlicht und einfach seine Freude über eine erworbene Fähigkeit des Kindes zum Ausdruck bringen, zum Beispiel darüber, dass es gelernt hat, sich die Schuhe zu binden. Oder man räumt ein, dass man fast ein wenig unglücklich darüber ist, dass man durch die zunehmende Selbstständigkeit des Kinds immer weniger gebraucht werde.

Ganz gleich, um welche Gefühle es geht – es kommt ausschließlich darauf an, authentisch und ehrlich zu sein.

Eine persönliche Sprache für persönliche Grenzen

Im Umgang mit unseren Kindern sollten wir uns zunächst darüber klar werden, wo unsere eigenen Grenzen liegen. Grenzen bringen zum Ausdruck, was man will und was man nicht will, worauf man sich einlässt und was man ablehnt, was man für seine Nächsten als gut oder schlecht empfindet.

Ungefähr ab dem Zeitpunkt, wenn unsere Kinder eineinhalb Jahre alt sind, sollten wir genau darauf achten, wie wir mit ihnen sprechen. Ob wir wertend sagen, was *man* tut, oder ob wir eine persönliche Sprache verwenden. Man muss sich entscheiden, was man selbst will, und je deutlicher man das zum Ausdruck bringt, desto mehr kooperieren die Kinder.

Als mein Enkel etwa zweieinhalb Jahre alt war, hat meine Frau von früh bis spät mit ihm gespielt und ihm jeden Wunsch erfüllt, wofür er seine Oma natürlich besonders geliebt hat.

Doch abends war sie verständlicherweise total erschöpft. Ich bin zum einen älter als sie und habe zum anderen auch keine Lust, zwölf Stunden am Stück mit meinem Enkel zu spielen. Als die Oma einmal nicht da war, sagte ich deshalb also zu dem Kleinen, dass er heute auch mal alleine spielen müsse, da ich selbst nicht den ganzen Tag mit ihm spielen wolle. Ich fügte hinzu, dass er sich, wenn er mit mir allein sei, überhaupt mehr mit sich selbst beschäftigen müsse. Als Zweieinhalbjähriger musste er mich natürlich herausfordern und erst einmal dazu Nein sagen, was jedoch nicht lange anhielt. Sobald ich anfing, mich um meine eigenen Dinge zu kümmern, zum Beispiel in der Küche zu arbeiten, spielte er willig für sich allein.

Neben der persönlichen Sprache sind eben auch persönliche Konfrontationen wichtig. Wenn mein Enkel mit mir spielen will, ich aber nicht mit ihm, dann ist das eine persönliche Konfrontation, bei der wir beide etwas über uns selbst lernen. Aber heutzutage sind die meisten Eltern Romantiker, die glauben, es tue den Kindern gut, wenn wir uns pausenlos mit ihnen beschäftigen. Die ihre eigenen Interessen hintanstellen, um mit dem »armen« Kind zu spielen. Doch wenn wir das tun, wird das »arme« Kind im Alter von zehn, elf Jahren gar nicht wissen, was es mit sich selbst anfangen soll, wo seine Grenzen und die der anderen liegen.

Es ist eine Tatsache, dass wir heute maximal zehn bis zwölf Jahre mit unseren Kindern verbringen, ehe sie mit der »ganzen Welt«, auch der Cyberwelt, konfrontiert werden, in der sie ständig entscheiden müssen, ob sie Ja oder Nein sagen. Und dazu werden sie wiederum nur in der Lage sein, wenn ihre Eltern ihnen zuvor klare Werte vermittelt und persönliche Konfrontationen mit ihnen ausgetragen haben.

Wer ein »lobsüchtiges« Kind zu Hause hat, sollte mit ihm darüber offen und in persönlichen Worten sprechen. Es ist überhaupt kein Problem, einem Kind zu sagen, dass man erkennt, dass das eigene bisherige Verhalten zu dieser Sucht geführt hat, und dass man das bedauert und nun ändern will. Man sollte hinzufügen, dass man verstehen kann, wenn das Kind deswegen erst einmal frustriert ist, dass dieses Gefühl aber schon bald vergehen wird.

Was Kindern sowie unserer Beziehung zu ihnen schadet

Ich möchte im Folgenden auf ein paar »Gefahren« aufmerksam machen, die Kinder daran hindern, ein gesundes Selbstgefühl zu entwickeln:

1. Der Missbrauch der Definitionsmacht der Erwachsenen
2. Zum »Projekt« seiner Eltern gemacht zu werden
3. Eltern ohne persönliche Grenzen und Bedürfnisse
4. Ironie, Sarkasmus, Demütigung
5. Wenn sich Eltern ständig Sorgen machen

Der Begriff »Definitionsmacht der Erwachsenen« stammt von der norwegischen Pädagogin Berit Bae, die sich eingehend mit dem Thema der Anerkennung in pädagogischen Beziehungen beschäftigt hat. Wir missbrauchen unsere Definitionsmacht, wenn wir Kindern pauschal bestimmte Eigenschaften zuschreiben, zumal negative, also zum Beispiel behaupten, sie seien dumm, kindisch, unhöflich etc. Darum ist es so wichtig, eine persönliche Sprache zu benutzen, mit deren Hilfe wir uns selbst und unsere Eindrücke beschreiben können, statt andere mit einem stereotypen Adjektiv zu definieren. Statt also zu sagen:

»Du bist dumm«, wäre es besser, in einer entsprechenden Situation anzumerken: »Ich habe den Eindruck, du tust dich schwer mit diesen Matheaufgaben, kann das sein?«

Eine weitere Gefahr für die Entwicklung der Kinder und für unsere wechselseitige Beziehung besteht in der relativ neuen Tendenz, aus Kindern eine Art Projekt zu machen. Das ist deshalb gefährlich, weil dadurch die Individualität und die Gleichwürdigkeit der Kinder negiert werden. Von solchen Eltern wird nicht beachtet, wer das Kind ist, sondern sie stülpen ihm ihre eigenen Vorstellungen, Lebensziele und Pläne über. Natürlich wünschen wir uns alle glückliche Kinder, und für viele Eltern geht dieser Wunsch mit der Vorstellung einher, ihrem Nachwuchs sollte es einmal »besser gehen« als sie selbst es hatten. Doch hierin liegt bereits eine gewisse Gefahr, denn der Unterschied zwischen einem Wunsch und einem Projekt ist sehr gering. Dabei geraten die Bedürfnisse, Grenzen und Ziele unserer Kinder aus dem Blick.

50 Prozent der Kinder, die spüren, dass sie von uns zu einem Projekt gemacht werden, kooperieren zunächst und versuchen bis zum Alter von etwa 13 Jahren, richtig glücklich zu sein. Dass sie sich vielleicht unglücklich fühlen, behalten sie wohlweislich für sich, weil ihre Eltern ja unbedingt glückliche Kinder haben wollen. Die andere Hälfte kooperiert spiegelverkehrt und führt den Eltern jeden Tag vor Augen, dass sie nicht glücklich sind, sondern frustriert und unzufrieden. Auch in diesem Fall hilft eine persönliche Sprache sowie die Erkenntnis, dass wir es einfach mit der Wahrheit versuchen können. Man kann sein Kind ruhig um Rat fragen, was man gemeinsam tun kann, um die Situation zu verbessern. Hauptsache, man tut dies ohne Vorwürfe oder Manipulationsversuche, sondern freundlich, nüchtern und ernsthaft – das hilft immer.

Wenn alles andere versagt, sollten wir es einfach mit der Wahrheit versuchen.

Die nächste Gefahr sind Eltern, die ihre persönlichen Grenzen und Bedürfnisse verleugnen.

Sie werden meist als Helikopter- oder Curling-Eltern bezeichnet, weil sie wie kleine Hubschrauber ständig über ihren Kindern kreisen bzw. wie beim Eisstockschießen alle Hindernisse vor ihnen aus dem Weg räumen. Oft handelt es sich um moderne, intelligente und gut ausgebildete Eltern, die das Leben ihrer Kinder in eine Art Mini-Paradies verwandeln wollen, in dem es weder persönlichen Schmerz noch Frustrationen gibt und Konflikte zwischen Eltern und Kindern ein Fremdwort sind. Was ungeheuer viel Arbeit bedeutet, aber auch furchtbar ist, weil Kindern damit unter anderem verwehrt wird, ihre angeborene Empathie zu entwickeln. Solche Kinder wollen immer im Zentrum stehen und gieren nach dieser »leeren« Aufmerksamkeit. Wie könnte dies auch anders sein? Sie waren ja nie mit richtigen Menschen zusammen, sondern nur mit Menschen, die Eltern gespielt haben. Die sich stets hundertprozentig in ihren Dienst stellen und ihnen alle Wünsche von den Augen ablesen. So ein Partner würde uns wohl binnen zwei Wochen in den Wahnsinn treiben, doch wenn Kinder in ihren ersten Lebensjahren nichts anderes kennenlernen, dann halten sie dies natürlich für die natürliche und einzig mögliche Form von Liebe. Erst im Alter von circa vier Jahren fragen sie sich, weshalb ihnen innerlich so kalt ist, obwohl die Eltern doch so viel »Liebe« geben.

Die fünfte Gefahr, auf die ich hier zu sprechen kommen möchte, stellen Eltern dar, die sich ständig Sorgen machen. Vor allem Mütter neigen ja oft zu einer ebenso diffusen wie allumfassenden Besorgnis. Doch sollten sie sich klar machen, dass diese dem Selbstgefühl ihrer Kinder schadet, weil in ihrer Besorgnis ein grundlegendes Misstrauen in deren Fähigkeiten und Talente, ja in deren Lebenstüchtigkeit zum Ausdruck kommt.

Frauen verweisen oft darauf, dass man sich als Mutter eben immer Sorgen mache, und natürlich ist die Besorgnis so etwas wie eine Antwort auf die kulturelle Forderung an die Mütter, ihre Empathie und Fürsorge unter Beweis zu stellen. Doch sollte man etwaige Sorgen um die Kinder mit seinem Partner oder seinen Freundinnen besprechen, den eigenen Nachwuchs damit jedoch nicht behelligen. Führen Sie sich vielmehr vor Augen, dass deren Selbstgefühl nur dann wächst, wenn sie sich als lebenstüchtigen Menschen begreifen, der für andere wertvoll ist.

Mit Eltern im Gespräch

Eine Mutter: Wenn ich Sie richtig verstanden habe, wird die Grundlage für das Selbstgefühl in der Kindheit gelegt. Sie haben am Anfang von sich gesprochen und dass Sie in der Kindheit nicht genügend Selbstgefühl entwickeln konnten. Haben Sie sich nun damit abgefunden oder konnten Sie im Laufe Ihres Lebens ein besseres Selbstgefühl aufbauen?

Jesper Juul: Es ist schwierig, wenn man im Alter von 20 oder 30 Jahren entdeckt, dass man zu wenig Selbstgefühl hat. Der einzige Weg, um dieses aufzubauen oder zu stabilisieren, besteht darin, so oft wie möglich mit Integrität zu handeln. Wenn wir in einer Familie aufwachsen, in der die persönliche Integrität des Einzelnen gewahrt und ernstgenommen wird, fällt das nicht so schwer. Ist dies jedoch nicht der Fall, muss man sich zunächst mit der Frage beschäftigen, wer man eigentlich ist, wie es um das Selbstbild steht und wie andere Menschen über einen denken. Natürlich kann man eine Psychotherapie machen, doch ist dies nur ein Weg von vielen. Man kann singen, malen, Sport treiben, meditieren, alles Mögliche. Aber man muss sich mit seiner inneren Familie beschäftigen.

Das wurde mir klar, als mein Sohn klein war und ich mich als so schlechten Vater erlebte, wie ich sonst keinen kannte – das war schrecklich! Glücklicherweise befand ich mich in einem Umfeld, in welchem ich mit und durch meinen Sohn lernen konnte, was für mich äußerst wertvoll war. Durch ihn, meine Frau und meine Freunde lernte ich mich selbst kennen.

Manche Eltern stellen im Übrigen die Frage, ob sie ihren Kindern überhaupt eine Hilfe sein können, wenn sie selbst ein geringes Selbstgefühl haben. Doch gerade diese Eltern können es besonders gut, weil ein wechselseitiger Lernprozess zustande kommt und ihre Kinder dadurch unmittelbar erfahren, dass sie für ihre Mutter oder ihren Vater wichtig sind. Weil sie merken, dass ihre Eltern ihnen nichts vorspielen, sondern dass sie sich quasi auf Augenhöhe begegnen und voneinander lernen.

Wenn man keine Kinder hat, dann gibt es andere Quellen, Freunde und Verwandte, mit denen man gemeinsame Erfahrungen machen, an denen man wachsen kann. Ich bin vielen Menschen begegnet, die das wichtigste und bedeutendste Feedback für sich als Führungskräfte in der Industrie erhalten haben. Denn das Feedback, das man von seinen Mitarbeitern bekommt, unterliegt denselben Prinzipien.

Voraussetzung für solch ein Feedback ist allerdings, dass man den Mut aufbringt, sich verwundbar zu machen. Sich selbst und anderen eingesteht, dass man nicht perfekt ist und nicht alles weiß. Gerade für Menschen, die zu Perfektionismus oder Besserwisserei neigen, ist das eine gute Medizin.

Eine Mutter: Ist unsere Gesellschaft für Kinder mit einem ausgeprägten Selbstgefühl überhaupt reif genug? Meine Tochter hat zu ihrem tatsächlich sehr jungen Deutschlehrer in der 5. Klasse gesagt, dass er noch viel lernen müsse, da er den Unterricht so gestaltete, als hätte er eine 10. Klasse vor sich. Wir mögen uns über so eine Aussage freuen, aber an der Schule kam diese ehrliche und gut gemeinte Äußerung nicht besonders gut an.

Jesper Juul: Das ist dennoch wunderbar, da ihre Tochter dadurch soziale Kompetenz erfährt und lernt, dass so etwas mit manchen Leuten geht und mit manchen eben nicht.

Mutter: Um den Preis, ihre Schulkarriere zu ruinieren?

Jesper Juul: Das glaube ich nicht. Doch es wäre natürlich schön, wenn der junge Lehrer so offen wäre zuzugeben, dass es diesen Konflikt gibt, und die beiden versuchen würden, darüber zu reden. Aber die meisten Lehrer, zumindest in Deutschland, tun so etwas nicht, was sehr schade ist, weil sie dadurch viel lernen könnten. Sie glauben, dass sie nur dann professionell arbeiten, wenn sie nicht persönlich sind. Und dann kommt ihre Tochter und will ihrem Lehrer auf einer persönlichen Ebene begegnen, was für ihn unmöglich ist. Er kann sich nicht verwundbar zeigen oder darüber nachdenken, was er daraus lernen kann. Lehrer lernen ja im Allgemeinen nicht gern. Ich will damit nichts gegen Lehrer sagen, ich selbst bin Lehrer, ich sage es nur, weil ich Realist bin. Lehrer lernen nicht gern, und ironischerweise können sie es nicht ausstehen, belehrt zu werden.

Ich kann Ihnen versichern, dass ihre Tochter an diesem Tag viel Wertvolles gelernt hat. Wenn auch ihr Lehrer etwas Wertvolles lernen wollte, könnte er Folgendes tun: Er könnte Ihrer Tochter mitteilen, dass er sich neulich über ihre Äußerung geärgert hat, jedoch nicht genau weiß, warum. Dann könnte er sie bitten zu präzisieren, was sie gemeint hat, und schließlich einräumen, dass er noch jung ist und wirklich noch viel lernen kann.

Ein Vater: Ich kann gut nachvollziehen, dass Lob süchtig machen kann. Was ich nicht verstehe, ist, weshalb die Erfahrung, wertvoll zu sein, nicht ebenfalls süchtig macht. Meinen Sie, dass ein Kind die Erfahrung, wertvoll zu sein, nicht auch immer wieder und wieder braucht?

Jesper Juul: Bei der Erfahrung, wertvoll zu sein, geht es darum, so akzeptiert zu werden, wie ich bin, ohne irgendeine Leistung vollbringen oder andere Menschen zufriedenstellen zu müssen. Wenn das eine gegenseitige Erfahrung ist, dann macht sie nicht süchtig.

Wir sehen heute mehr und mehr Menschen mit einem gesunden Selbstgefühl, und die verhalten sich auch in Paarbeziehungen ganz anders. Die brauchen nicht immer Bestätigung, zum Beispiel in der Sexualität.

Wenn Eltern in den ersten Stunden nach der Geburt ihr Kind betrachten und sich einfach nur über die Existenz des Kindes freuen, dann spüren sie in sich dieses Gefühl von bedingungsloser Liebe und Akzeptanz. Erst nach einigen Monaten fangen sie an, diese Schöpfung korrigieren zu wollen, was wir ja auch ein Stück weit tun müssen.

Als Erwachsene erleben wir diese Akzeptanz, wenn wir einem Menschen begegnen, der uns das Gefühl gibt, so sein zu dürfen, wie wir sind. Ich hoffe sehr, dass wir das alle erleben dürfen – dieses Gefühl, vom anderen um seiner selbst willen geliebt und geschätzt zu werden. Wenn wir Wohlwollen und Akzeptanz spüren, sind wir auch bereit, uns zu ändern.

Ich habe noch nie erlebt, dass jemand von zu viel Anerkennung süchtig wird. Ich habe erlebt, dass Kinder, denen in ihrer Familie viel Anerkennung zuteilwurde, oft ein wenig enttäuscht und verwirrt sind, wenn sie ein Studium beginnen oder die ersten Schritte im Berufsleben unternehmen und feststellen, dass es durchaus Menschen gibt, die sie nur beurteilen, statt sich wirklich für sie zu interessieren. Doch wer ein intaktes Selbstgefühl hat, lässt sich von so etwas nicht erschüttern.

Eine Mutter: Was raten Sie mir im Umgang mit Kindern, wenn diese sagen, dass sie blöd aussehen oder sich dumm finden? Es handelt sich um meinen zehnjährigen Sohn, der meint, er sehe blöd aus, und um einen elfjährigen Jungen in der Schule, der sich dumm findet.
Jesper Juul: Wie würden Sie rein instinktiv damit umgehen?
Mutter: Dem widersprechen.
Jesper Juul: Das geht nicht.
Mutter: Das habe ich auch gemerkt.
Jesper Juul: Es geht natürlich schon, aber es hilft nicht, weil es das Gegenteil von Anerkennung ist. Anerkennung bedeutet, dass ich bereit sein muss, den Schmerz des anderen zu fühlen. Und das brauchen wir nicht, wenn wir jemand versichern, dass er nicht dumm ist. Ich würde Ihren Sohn fragen, ob er wirklich glaubt, dass es so ist. Und wenn er Ja sagt, dann kann man nachfragen, ob er das von jemand anderem gehört hat oder ob es seiner eigenen Wahrnehmung entspricht.

Ich empfehle Ihnen, erst einmal Ihre Überraschung zu artikulieren, statt sofort zu widersprechen. Auf diese Weise bringen Sie ein echtes Interesse zum Ausdruck. Sie können ihm sagen, dass Sie in Ruhe darüber nachdenken wollen, wie Sie ihm am besten helfen können. Dabei sollten Sie es fürs Erste belassen. Selbst wenn Sie das Thema erst in zwei Monaten erneut ansprechen, geschieht in der Zwischenzeit etwas. Was genau Sie dann zu Ihrem Sohn sagen, ist zweitrangig. Sie brauchen ihm im Prinzip nur zu vermitteln, dass so ein Gefühl verschiedene Ursachen haben kann und nicht notwendigerweise wahr sein muss. Dadurch lernt er von seiner Mutter, wie er sich zu seinem eigenen Selbstbild verhalten kann, und das ist ein wichtiges Werkzeug für ihn. Denn wir alle haben ja von Zeit zu Zeit Schwierigkeiten mit unserem Selbstbild.

Den anderen Jungen, der sich dumm fühlt, würde ich ebenfalls fragen, ob er das selbst glaubt oder von anderen gehört hat. Wenn er berichtet, dass er Schwierigkeiten in Mathe hat, sollte man ihm sagen, dass er deswegen ja nicht dumm sein muss, sondern sich vielleicht nur in bestimmten Zusammenhängen dumm fühlt.

Ich war mein ganzes Berufsleben in der Erwachsenenbildung tätig, und Erwachsene – selbst erfahrene Familientherapeuten – fühlen sich meistens dumm. Es ist jedoch eine Tatsache, dass man nicht lernen kann, wenn man sich dumm fühlt. Man kann nur lernen, wenn man weiß, dass man »dumm« ist. Wenn man weiß, dass man etwas Bestimmtes nicht so gut kann, es aber lernen möchte, dann schafft man das auch. Wer hingegen an sich die Erwartungshaltung hat, eigentlich alles zu können und zu wissen, der blockiert sich selbst.

Es ist unendlich wertvoll, sich zusammenzusetzen und gemeinsam zu untersuchen, warum sich jemand dumm vorkommt, statt bloß zu widersprechen. Denn so eine Aussage kann ein Kind nur für seine Statistik verwenden. Fünf sagen so und einer sagt etwas anderes – was soll das Kind nun glauben und damit anfangen? Letztlich kommt es ja nur darauf an, wie das Kind sich selbst sieht. Doch meist wissen wir nicht, was Kinder denken.

Mein eigener Sohn wollte früher partout keine Schulaufsätze schreiben, weil er dachte, er könnte das nicht. Und es dauerte eine ganze Weile, bis wir herausbekamen, woran das lag. Er hatte in seiner Kindheit sehr oft erlebt, dass ich mich kurz nach dem Abendessen mit der Begründung, ich müsse noch einen Artikel schreiben, in mein Arbeitszimmer zurückzog. Eine Stunde später kam ich meist zurück und war fertig, und der arme Junge dachte also, dass das Schreiben von Artikeln eine Kleinigkeit oder ein Automatismus sei: Man setzt sich eine Stunde an den Schreibtisch und fertig. An dieser Erwartungshaltung ist er selbst natürlich erst einmal gescheitert.

Meine Frau erwähnte irgendwann beiläufig, dass er noch viel üben müsse, *wie sein Vater das ja auch getan habe.* Daraufhin dauerte es nicht lange, bis er in der Lage war, Aufsätze zu schreiben. Aber darauf muss man erst mal kommen. Niemand von außen hätte den wahren Grund seiner Blockade erahnen können. Im schlimmsten Fall hätte ihm jemand noch vorhalten können, dass er doch das Schreibtalent seines Vaters geerbt haben müsse.

Deshalb ist es so wichtig, den Schmerz eines nahestehenden Menschen erst einmal anzuerkennen, was uns oft schwerfällt. Wenn meine Frau krank ist, möchte ich sie gesund machen. Und wenn jemand meinem Kind wehtut, möchte ich, dass das aufhört. So sind wir nun mal und reden uns hartnäckig ein, dass es so sein sollte. Doch können wir unseren Kindern die schmerzhafte Auseinandersetzung mit sich selbst nicht ersparen, sondern sie nur empathisch begleiten.

Die Kindheit als Marathonlauf zu betrachten, bei dem die Eltern neben der Strecke stehen, um ihren Nachwuchs mit Essen, Getränken und Pflastern zu versorgen, ist schon in Ordnung. Heutzutage wollen viele Eltern diesen Marathon jedoch nicht nur begleiten, sondern am liebsten selber laufen und ihr Kind dabei auf dem Rücken tragen. Auf diese Weise wollen sie ihm jegliche Schmerzen ersparen. Doch sollten wir stets daran denken, dass es ohne Schmerz auch keine Freude gibt.

3. Persönliche Verantwortung

Einführung

Verantwortung kann man nicht lernen, die bekommt man übertragen – wie ich bereits in jungen Jahren von meinen Eltern. Schon als 15-Jähriger habe ich in den dreiwöchigen Ferien meiner Eltern unser kleines Textilgeschäft geführt. Wenn ein Kunde hereinkam und nach dem Chef verlangte, sagte ich freundlich (und etwas stolz): »Steht vor Ihnen.« Die Geschäftsführung war zwar eine Herausforderung für mich, aber sie war auch die konsequente Folge meiner Mitarbeit im elterlichen Geschäft, die sehr früh begann. Es hat mir einen Riesenspaß gemacht, diese das Vertrauen meiner Eltern widerspiegelnde Verantwortung übertragen zu bekommen und auch gut damit umgehen zu können. Ich vermute, heute würde manches Jugendamt meine Eltern aus dem Urlaub zurückbeordern und sie wegen Kinderarbeit oder eines anderen Vergehens zu einer Strafe verdonnern.

Persönliche Verantwortung zu übernehmen – was bedeutet das als Erwachsener? Nach meiner Definition schließt persönliche Verantwortung auch folgende Erkenntnis ein: Ich muss mich selbst um mein Wohlergehen kümmern. Andere haben viele Eigeninteressen, die nicht unbedingt mit meinen Interessen übereinstimmen. Und manche haben Interessen, die sich ganz vital gegen meine eigenen Interessen richten. Ich betrachte es als meine persönliche Verantwortung, mich gut um mich selbst – und im nächsten Schritt auch um die anderen – zu kümmern. Mich nicht auf Kosten anderer zu bereichern, und wenn ich das tue, langfristig dafür zu sorgen, dass dieses Ungleichgewicht wieder verschwindet. Das bedeutet, dass es sehr wohl auch zu meiner persönlichen Verantwortung als Konsument gehört, sich um die Herkunft und die Entstehung der Waren zu kümmern, die ich konsumiere.

Um sich selbst um ihr Wohlergehen kümmern zu können, brauchen Kinder die Unterstützung von Erwachsenen, die sich wirklich für sie interessieren. Von Eltern, Erzieherinnen und Lehrerinnen, die Zeit, Geduld und Kraft aufbringen, um herauszufinden, was ein Kind wirklich braucht. Kinder werden zwar mit der Fähigkeit geboren, persönliche Verantwortung zu übernehmen, doch sind sie schlichtweg nicht in der Lage, die Verantwortung für die Qualität ihrer Beziehungen (zum Beispiel innerhalb der Familie) zu übernehmen. Wo Kinder dazu gezwungen sind – zum Beispiel wenn ein Elternteil nicht willens oder nicht in der Lage ist, Verantwortung zu übernehmen – leiden die Kinder und die Beziehungen in der Familie.

Wie schaffen wir es als Erwachsene, persönliche Verantwortung für die Qualität der Beziehung zu übernehmen? Das hört sich komplizierter an als es ist! Bei Konflikten in der Familie sind die Erwachsenen gefordert und sollten es tunlichst vermeiden, den Fokus ausschließlich auf das Kind oder den Jugendlichen zu richten. Kinder zeigen nur die Symptome auf. Und nur an den Symptomen zu arbeiten, wäre so, als ob wir im Auto, wenn die Tankleuchte auf den leeren Tank hinweist, das Lämpchen herausdrehen würden, statt zu tanken. Die Erwachsenen tragen die Verantwortung (nicht die »Schuld«) für die Situation. Sie sind diejenigen (um im Beispiel zu bleiben), die zum Tanken fahren sollten. Kinder spüren ihre eigenen Grenzen und Bedürfnisse und können darauf aufmerksam machen. Sie können diese Grenzen jedoch nicht verteidigen oder gut für ihre Bedürfnisse sorgen. Das ist ausschließlich die Aufgabe der Erwachsenen.

Deshalb ist es auch vollkommen sinnlos, an einen Familienberater mit der Bitte heranzutreten: »Unser Kind macht dies und jenes, bitte bringen Sie das wieder in Ordnung ...«

Eltern sollten stets damit beginnen, vor der eigenen Haustür zu kehren und sich zu fragen, welche Rolle sie selbst bei dem Konflikt spielen. Dabei geht es nicht um Schuld, sondern um Erkenntnis und Wachstum. Und gerade weil ich als Vater oder Mutter beteiligt bin, kann ich etwas ändern im System Familie!

Es besteht kein Zweifel, dass wir unseren Kindern gegenüber sehr viel Macht besitzen. Wir müssen jedoch lernen, diese Macht richtig einzusetzen, statt sie zu missbrauchen. Das geschieht unter anderem durch Übernahme unserer persönlichen Verantwortung.

Verantwortung für das eigene Leben übernehmen

Der Verantwortungsbegriff hat mich jahrelang sehr verwirrt. In Dänemark habe ich mal eine Reihe werdender Eltern gefragt, welche Qualitäten sie sich bei ihren eigenen Kindern erhoffen, wenn diese 15 Jahre alt sein werden. Der Begriff »Verantwortung« landete an dritter Stelle. Es stellte sich jedoch heraus, dass die Eltern darunter verschiedene Dinge verstanden. Auch in der Einrichtung für Kinder und Jugendliche, in der ich damals tätig war, sprachen die Pädagogen davon, die Kinder zu Verantwortung erziehen zu wollen, was mich sehr erstaunte, da eigentlich alles getan wurde, um das Gegenteil zu erreichen.

Erst später wurde mir klar, dass zwischen den Begriffen der sozialen und der persönlichen Verantwortung unterschieden werden muss.

Soziale Verantwortung
(anderen Menschen gegenüber)

Persönliche Verantwortung
(für mich selbst, für mein eigenes Leben)

In der Alltagssprache gibt es verschiedene Bezeichnungen für soziale Verantwortung, zum Beispiel soziales oder uneigennütziges Verhalten. Sie hat eine gute alte Tradition in unserer Kultur, die besagt, dass wir Verantwortung für unsere Mitmenschen, für die Gesellschaft und die Welt, in der wir leben, tragen. Das zu lernen stellt für Kinder kein großes Problem dar. Es schadet niemandem und man lebt ganz gut damit.

Zum anderen ist da die Verantwortung, die wir für uns selbst tragen, für unser eigenes Leben, unsere Gefühle und Handlungen. Doch diese Eigenverantwortung wurde den meisten von uns nur sehr unzureichend vermittelt. Mit der persönlichen Verantwortung haben sich in früherer Zeit vor allem Philosophen wie Søren Kierkegaard oder Martin Buber beschäftigt. Doch hier soll es nicht um philosophische, sondern um psychologische und soziale Aspekte gehen. Und aus psychologischer Sicht ist die Sache recht einfach: Man kann die Verantwortung für sich übernehmen oder man kann Opfer sein. Wer keine Verantwortung für sein eigenes Leben übernimmt, der legt dieses quasi in fremde Hände, fällt anderen Menschen oder irgendwelchen Autoritäten zum Opfer. Wer für seine individuellen Bedürfnisse und Grenzen – seine persönliche Integrität – nicht selbst Sorge trägt, läuft Gefahr, von anderen übergangen und ausgenutzt zu werden.

Historisch betrachtet, wird dieser Form der Eigenverantwortung erst seit etwa vierzig Jahren Beachtung geschenkt, weil bis in die 1980er-Jahre hinein die Einstellung vorherrschte, dass man sich selbst und den anderen ja doch nicht ändern könne. In totalitären Regimen, aber nicht nur dort, haben die Erwachsenen ihre Verantwortung allzu lange in die Hände des Staates gelegt, und oft bedarf es großer persönlicher Krisen, wie Scheidungen oder lebensbedrohliche Krankheiten, um uns diese existenzielle Dimension vor Augen zu führen und uns dazu zu bringen, jede Form der Fremdbestimmung zu überwinden.

Existenzielles Glück und psychologisches Problem

Der relativ hohe Lebensstandard in der industrialisierten Welt hat breiten Bevölkerungsschichten ein hohes Maß an Wohlstand und eine nie dagewesene Freiheit beschert. Trotz der anhaltenden Finanzkrise haben wir so viel Geld wie nie zuvor und müssen uns nicht um unser täglich Brot sorgen. Diese Freiheit zwingt uns aber auch dazu, Tag für Tag eine Vielzahl persönlicher Entscheidungen treffen zu müssen, zumal der gesellschaftliche Konsens darüber, was »man« zu tun oder zu lassen hat, zusehends schwindet. Gerade ältere Menschen fühlen sich dadurch oft überfordert. Wie oft habe ich meine eigene Mutter dazu aufgefordert, eigene Entscheidungen zu treffen, doch sie konnte es nicht, weil sie es nie gelernt hatte.

Mein Nachbar in Zagreb ist in meinem Alter und betont immer wieder, dass das Leben unter Tito besser war, weil man nicht so viel denken musste. Ich hingegen glaube, dass die Möglichkeit und Notwendigkeit, persönliche Verantwortung zu übernehmen, in Jugoslawien so plötzlich kam, dass die Menschen dort psychologisch nicht darauf vorbereitet waren. Wer in seiner Kindheit nicht darauf vorbereitet wurde, empfindet es natürlich als großen Stress, mehrmals täglich eigene Entscheidungen treffen zu müssen, einen inneren Dialog zu führen und anderen mitzuteilen, was man will und was man nicht will.

Die Möglichkeit, einen eigenen Wertekanon herauszubilden und sich an diesem zu orientieren – sich selbst zu verwalten –, ist zweifellos ein großes Glück für den Einzelnen, und wir können nur hoffen, dass wir unsere Kinder heute besser auf diese Freiheit vorbereiten, als wir dies selbst wurden. Denn die Institutionen in unserer Gesellschaft haben immer noch große Probleme, persönliche Verantwortung zu akzeptieren. Wenn wir uns beispielsweise in ein Krankenhaus begeben, ist persönliche Verantwortung nach wie vor nicht gefragt. Dort scheinen allein die Ärzte zu wissen, was gut für uns ist. Wir sollen Experten zuhören und ihre Autorität akzeptieren, statt eigene Entscheidungen zu treffen. Um etwas über sich zu lernen und Erfahrungen zu machen, ist aber kaum etwas effektiver und sinnvoller, als die Verantwortung in die eigenen Hände zu nehmen.

Natürlich spielt die Kultur, in der man aufgewachsen ist, eine große Rolle. Als ich in den 1980er-Jahren in Kroatien über die Freiheit des Individuums und die Verantwortung sich selbst gegenüber sprach, haben sie mich angestarrt wie ein gefährliches Tier. Das Reden über solche Dinge stellt in jeder totalitären Gesellschaft eine gewaltige Provokation dar. Und auch in Kroatien war den Menschen stets gepredigt worden, dass nicht der Einzelne, sondern der Staat die Verantwortung trägt.

Alternativen suchen, statt Gegensätze zu konstruieren

Gemeinsam mit meiner Kollegin Helle Jensen habe ich ein Buch mit dem Titel *Vom Gehorsam zur Verantwortung* geschrieben. Darin erklären wir, warum die überkommene Erziehung zum Gehorsam für den Einzelnen gefährlich ist und Menschen krank macht. Da unser Gehirn aber nun mal so beschaffen ist, dass wir gern in Gegensätzen denken, glaubten viele Menschen, dass wir für »ungehorsame« Kinder plädieren, was natürlich ein Missverständnis ist. Wir denken und reden oft nur in den Extremen – autoritäre Familie oder Laisserfaire –, doch es geht mir nicht darum, extreme Gegensätze aufzuzeigen, sondern Alternativen zu finden.

Und die Alternative zur Gehorsamkeitserziehung kann mit Blick auf unsere sozialpsychologische und existenzielle Gesundheit nur darin bestehen, Verantwortung für uns selbst zu übernehmen. Eltern wie Erzieher haben Kindern stets Verantwortung abgenommen, bis diese etwa 15 bis 18 Jahre alt waren. Doch wie sollen junge Menschen plötzlich Verantwortung für sich selbst tragen, wenn sie darin keine Übung haben? Wie sollen sie für sich selbst entscheiden, wenn bisher die Erwachsenen stets zu wissen glaubten, wann die Kinder hungrig oder müde seien, wann ihnen kalt oder warm sei, was für Kleider und welche Freunde sie brauchten?

Indem die Erwachsenen das Entscheidungsmonopol für sich beanspruchten, demonstrierten sie auch ihre Macht in der Familie.

Und viele Erwachsene glauben immer noch, ihrer Elternverantwortlichkeit nur dann gerecht werden zu können, wenn sie die Eigenverantwortung ihrer Kinder einschränken. Doch das Gegenteil ist der Fall. Wir müssen lernen, die Eigenverantwortlichkeit unserer Kinder zu stärken, indem wir unsere Elternmacht richtig einsetzen, statt sie zu missbrauchen.

Sehen wir uns einmal folgenden typischen Familienkonflikt an: Eine Mutter beklagt sich darüber, dass sie jeden Morgen mit ihrer zweieinhalbjährigen Tochter in Streit gerät, weil sie sich nicht einigen können, was diese in den Kindergarten anziehen soll. Die meisten Pädagogen würden dieser Mutter wohl empfehlen, sich schon am Abend zuvor auf die Garderobe für den nächsten Tag zu einigen und diese bereits herauszulegen. Dann könne die Mutter das Kind am Morgen daran erinnern, dass sie diese Vereinbarung gemeinsam getroffen hätten.

Ehrlich gesagt wundere ich mich sehr darüber, wie sich Frauen auf solche Vereinbarungen einlassen können. Wie würden sie denn selbst reagieren, wenn man ihnen sagte, sie müssten sich schon heute entscheiden, was sie morgen anziehen möchten? Vermutlich wollen sie mit diesem Verhalten ihren Kindern frühzeitig beibringen, wie ein demokratischer Entscheidungsprozess vor sich geht. Dieses hehre Vorhaben scheitert jedoch schon daran, dass sich die Zukunftsperspektive von Zweieinhalbjährigen auf eine knappe halbe Stunde beschränkt und sie nicht in der Lage sind, den folgenden Tag ernsthaft in ihre Überlegungen miteinzubeziehen.

Um ihrer »Vereinbarung« Nachdruck zu verleihen, versprechen manche Eltern ihren Kindern Gummibärchen oder ähnliches, falls ihr Kind am nächsten Morgen keine Schwierigkeiten macht. Aber die Eltern könnten sich auch ganz anders verhalten. Sie könnten ihrem Kind zum Beispiel sagen, dass sie die morgendlichen Kämpfe nicht mehr wollen und das Kind ab sofort selbst entscheiden könne, was es anziehen will. Die Kinder sind über so einen Vorschlag in der Regel sehr glücklich. Die überverantwortlichen Mütter wenden jedoch ein, dass ein so junges Kind noch nicht in der Lage sei, sich dem Wetter gemäß zu kleiden, und möglicherweise im Winter ein Sommerkleid anziehen möchte. Was diese Mütter wiederum nicht mit ihrem Verständnis von Verantwortung vereinbaren können, weil sie sich, sollte ihr Kind erkranken, schuldig fühlen würden.

Doch auch dieses »Problem« lässt sich leicht lösen, zum Beispiel, indem man seiner Tochter mitteilt, dass man das mit dem Sommerkleid für keine gute Idee hält. Wenn diese nun partout darauf besteht, kann man seine Einwände wiederholen, es aber fürs Erste dabei belassen. Danach packt man einfach ein paar warme Kleider zusammen und überreicht diese im Kindergarten einer Erzieherin mit der Bitte, sie der Tochter auszuhändigen, falls diese friert. Doch an diesem Punkt beginnen die meisten Eltern darüber nachzudenken, wie es um ihren Ruf als Eltern bestellt sei und was wohl die Erzieherinnen von ihnen denken würden, falls sie diesen Vorschlag in die Tat umsetzen. Schließlich will man ja nicht öffentlich dokumentieren, dass man seine kleine Tochter so gar nicht »im Griff« hat.

Wir denken in so einem Fall, dass die Kinder nicht »hören«. Doch sie hören alles, sie wollen sich nur in Fällen, in denen sie selbst die Verantwortung übernehmen können, nicht immer so verhalten, wie wir es gerne hätten. Und natürlich machen sie in ihren Entscheidungen manchmal Fehler, so wie alle anderen Menschen auch.

Wir Erwachsenen sind nicht dafür verantwortlich,
dass unsere Kinder keine Fehler machen.
Aber wir sind dafür verantwortlich, ihnen Fehler zu
ermöglichen, weil sie sonst nicht lernen können.

Denselben Konflikt erleben wir, wenn sich unser Kind plötzlich in den Kopf setzt, unbedingt unter dem Tisch zu essen. In diesem Fall kann ich nur dazu raten, die Sache mit Humor zu nehmen und vorzuschlagen, die ganze Familie solle unter dem Tisch essen. Auf diese Idee sei schließlich noch keiner gekommen, deshalb könne man das ruhig einmal ausprobieren. Und dann sieht man ja, was passiert, doch muss man natürlich mit seinem inneren Kritiker (Bürger) zurechtkommen und sich fragen, wie es in puncto Gehorsam um einen selbst bestellt ist.

Gibt es ein Trotzalter?

Kinder können Verantwortung für sich selbst übernehmen, brauchen dabei jedoch unsere Hilfe. Ich erinnere mich an ein dreijähriges Mädchen, das die Wendeltreppe im Haus seiner Großeltern zum ersten Mal allein hinuntergehen wollte. Seine Großmutter ließ es gewähren und ging neben ihm her, ohne es an die Hand zu nehmen. Unten angekommen strahlte das Mädchen und erklärte seiner Großmutter, dass auch diese es gut geschafft hätte, weil sie nicht allein gewesen wäre.

Wenn Kinder sagen, dass sie etwas selbst können, dann ist das wahr, und wir müssen uns entscheiden, ob wir ein wenig von unserer Macht preisgeben und ihnen mehr Eigenverantwortung zugestehen. Kinder werden nicht trotzig, sondern fangen ihrer Entwicklung gemäß an, eine größere Selbstständigkeit einzufordern. Plötzlich wollen sie sich selbst die Zähne putzen und die Schuhe anziehen, was sie in der Regel auch deutlich artikulieren.

Kinder wissen instinktiv – ebenso wie gute Lehrer –, dass man nur durch schwierige Aufgaben lernt. Die Aufgaben müssen ein klein wenig »zu schwer« sein, damit sich ein optimaler Lerneffekt einstellt. Dabei sind es oft die Eltern, und das sage ich nicht im Spaß, die sich trotzig verhalten, wenn ihr Kind seine Selbstständigkeit unter Beweis stellen will. Wir alle kennen folgende Sätze: »Das kannst du noch nicht«, »Lass mich das lieber machen« oder »Dazu haben wir jetzt keine Zeit«. Die Erwachsenen reizt es offenbar zum Widerspruch, wenn Kinder sagen, dass sie etwas selbst können, weil sie glauben, es besser zu wissen.

Das sogenannte Trotzalter existiert nur in den Köpfen von Erwachsenen und manchen Experten.

Es gibt einen wunderschönen dänischen Film, der dokumentiert, wie Kinder im Alter von drei bis sechs Jahren in Kindergärten systematisch hilflos gemacht werden, weil man ihnen alles abnimmt und das als Fürsorge deklariert. Das machen wir im Übrigen alle so. Weshalb wir auch alle aufgerufen sind, eine komplett neue Art der Führung und des Zusammenlebens mit unseren Kindern zu kreieren. Wir müssen einen Weg finden, unsere Kinder »machen« zu lassen, ohne sie allein zu lassen. Ohne ihnen ständig mitzuteilen, dass wir etwas besser wissen oder schneller können. Ohne ihnen zu sagen, dass sie ihre Schuhe am falschen Fuß haben.

Wir sollten uns überhaupt fragen, warum manches für uns so wichtig ist. Es gibt Kinder, die laufen stundenlang mit den Schuhen am falschen Fuß herum, werden aber weder kriminell, psychisch krank oder alkoholabhängig. Warum ist die Sache mit den Schuhen dann so wichtig für uns? Entspringt sie unserem Bedürfnis nach Perfektionismus? Handeln wir wirklich im Interesse der Kinder, oder geht es uns vor allem darum, unserem Selbstbild als Vater oder Mutter zu entsprechen? Nach außen hin unser Gesicht zu wahren? Hin und wieder an das eigene Image zu denken, ist schon in Ordnung, aber es wird zum Problem, wenn wir uns dessen nicht bewusst sind. Wenn wir nicht merken, ob wir das Beste für unser Kind oder nur für uns selbst wollen.

Wann ist es Zeit, Verantwortung zu übergeben?

Das sogenannte Trotzalter sollte eigentlich Selbstständigkeitsalter genannt werden. Und wenn Kinder eine größere Selbstständigkeit einfordern, sollten die Eltern dies als Geschenk betrachten. Zwei Jahre lang mussten sie ihrem Kind ständig zur Verfügung stehen, sich um alles kümmern, und nun möchte ihr Kind einige der Aufgaben selbst übernehmen und seine Eltern entlasten. Diese sollten sich also über das Geschenk freuen und sich bedanken, indem sie ihrem Kind die Möglichkeit geben, seine Selbstständigkeit zu erproben – und es dabei natürlich wissen lassen, dass es sich immer an sie wenden kann, wenn es Hilfe benötigt. Auf diese Weise stärken sie sein Selbstvertrauen und Selbstgefühl, weil das Kind sehr viel über sein eigenes Potenzial und seine eigenen Begrenzungen lernt. Kinder brauchen diese Übung und unsere Unterstützung. Sie müssen Fehler machen dürfen und Unfälle haben können. Wir jedoch statten heute fast jeden Spielplatz mit einer dicken Schutzschicht aus Gummi aus und verbieten unseren Kindern, auf Bäume zu klettern. Ein positives Gegenbeispiel sind die Waldkindergärten, die sich seit Mitte der 1990er-Jahre zunehmender Beliebtheit erfreuen. Die Kinder verbringen den ganzen Tag im Freien. Als einziger Rückzugsort dient ein beheizter Bauwagen oder eine Waldhütte. Ich hatte das Glück, eine Reihe von Jugendlichen, die früher einen Waldkindergarten besucht haben, näher kennenzulernen, und konnte feststellen, dass es ihnen in vielerlei Hinsicht – motorisch, psychisch, sozial – sehr viel besser geht als ihren Altersgenossen.

Manche Eltern fragen sich, wann der richtige Zeitpunkt gekommen ist, ihrem Kind mehr Verantwortung zu übertragen. Sie können sich hierbei auf ihre Intuition verlassen und auf gewisse Symptome achten. Ein solches Symptom besteht beispielsweise in einem ständigen Konflikt, der die Stimmung in der Familie mehr und mehr belastet. Wenn solche destruktiven Konflikte entstehen, sollten die Erwachsenen überprüfen, welche Verantwortung sie ihrem Kind übertragen können.

Ein gutes Beispiel dafür ist das morgendliche Aufstehen bzw. Wecken. Vierjährige werden ungefähr vier Mal geweckt und Vierzehnjährige vierzehn Mal. Die Eltern fühlen sich dafür verantwortlich, dass das Kind aufsteht, was meiner Meinung nach unnötig ist. Kinder ab fünf Jahren können durchaus selbstständig aufstehen, obwohl die Eltern das Wecken in diesem Alter meist noch als angenehme Pflicht betrachten. Was sich oft ändert, sobald die Kinder neun, zehn Jahre alt sind. Meiner Meinung nach ist alles in Ordnung, solange man mit freudigem Herzen und einem Lied auf den Lippen zu seinen Kindern gehen kann, auch wenn man dies etwa zwanzig Mal wiederholen muss. Doch wenn man sein Kind schon anschnauzt, bevor es die Augen geöffnet hat, und das Kind sich genervt die Bettdecke über den Kopf zieht, dann ist es Zeit, etwas an der morgendlichen Aufstehprozedur zu ändern.

Verantwortung richtig übergeben

Das Übergeben der Verantwortung ist weder ein Trick noch eine Strategie, sollte aber nach gewissen Spielregeln ablaufen. Vor allem sollte es ernst gemeint sein, weil es sonst nicht funktioniert. Man wartet zunächst einen passenden Moment ab, also einen Moment, in dem zum Beispiel der 14-jährige Sohn kontaktbereit ist. Dann teilt man ihm mit, dass man ihn früher stets gerne geweckt habe, die Freude daran aber in letzter Zeit abhandengekommen sei. Man kann ruhig hinzufügen, dass man etwas ändern wolle, weil man zunehmend frustriert sei, doch sollte man sich aller Vorwürfe und Anschuldigungen enthalten. Vor allem sollte man nicht sagen, dass man den Sohn stets geweckt habe, weil man ja dazu gezwungen gewesen sei, er sonst niemals aufgestanden wäre etc. Wer so etwas sagt, der bringt seinem Kind bei, dass es in Ordnung ist, täglich Dinge zu tun, die man eigentlich nicht tun will, und gibt damit ein schlechtes Vorbild ab. Man kann jedoch freimütig erklären, dass man vor Jahren die Verantwortung für einen Zweijährigen übernommen habe und diese nun mit schönen Grüßen an den Jugendlichen zurückgebe, weil dieser an der Reihe sei, die Verantwortung selbst zu übernehmen.

Auf diese Weise habe ich mit Hunderten von Jugendlichen – auch den sogenannten unerreichbaren Jugendlichen – gearbeitet, und ich habe noch keinen erlebt, der mit seiner neuen Eigenverantwortung nicht klargekommen wäre. Hingegen habe ich viele Eltern und Fachleute erlebt, die vor Sorge fast zusammenbrachen, weil sie beispielsweise um den Ausbildungsplatz des Jugendlichen fürchteten. Sie gingen allen Ernstes davon aus, dass dieser rund um die Uhr im Bett liegen würde, wenn man ihn nicht mit Gewalt daraus vertriebe. Aber diese Sorge ist natürlich unbegründet.

Das Ganze ist ein guter Test für Eltern, denn man kann seinen Kindern nicht jahrelang alles abnehmen und zugleich Selbstständigkeit von ihnen einfordern – das ist unfair. Wer seinem Kind jeden Morgen ein Ei kocht, der kann deshalb nicht erwarten, dass sein Kind weiß, wie man Eier kocht. Das Wichtigste ist meiner Meinung nach, dass wir Erwachsene unseren Kindern vorleben, wie man Eigenverantwortung übernimmt. Das ist bisher nicht immer der Fall. Wir machen uns zum Beispiel keine Gedanken über unseren Medienkonsum, aber über den der Kinder, und das ist eigentlich unverantwortlich, weil wir genau wissen, dass unsere Kinder dasselbe machen werden, wie wir es ihnen heute vorleben.

Sollen Jugendliche Pflichten haben?

Was natürlich die Frage aufwirft, ob ein Jugendlicher im Zuge seiner wachsenden Eigenverantwortung einen Beitrag für die Gemeinschaft leisten, also hin und wieder das Waschen, Putzen oder Einkaufen übernehmen sollte. Ich kann diese Frage uneingeschränkt bejahen. Wir alle wissen, wie unangenehm es ist, sich über längere Zeit in der Rolle des Gastes zu befinden, der nichts tun, sondern nur dasitzen und relaxen soll. Spätestens nach ein paar Tagen möchte man unbedingt einen Beitrag für die Gemeinschaft leisten.

> *Wer in einer Gemeinschaft lebt, ohne einen Beitrag zu leisten, verliert seine Würde.*

Natürlich kommt es bei der Frage der häuslichen Pflichten auch darauf an, wie sehr die Eltern objektiv auf Hilfe angewiesen sind, um den Alltag zu bewältigen. Je mehr Personen die Familie zählt, desto größer ist in der Regel der Bedarf an Hilfe.

Meiner Einschätzung nach können 14-Jährige für Folgendes selbst verantwortlich sein: für Einkauf und Kochen; für das Waschen ihrer Kleidung inklusive Trocknen und Bügeln; für ihre Mobilität sowie für die Schule beziehungsweise ihren Ausbildungsplatz. Was nicht bedeutet, dass 14-Jährige jeden Tag für sich selbst oder die ganze Familie kochen müssen, sondern nur, dass sie generell in der Lage sein sollten, diese Aufgabe zu übernehmen. Und natürlich können sie stets um Unterstützung bitten oder ihre Mutter fragen, ob sie ihnen vier Hemden bügelt, aber dann hat die Mutter auch die Möglichkeit, dies abzulehnen. Damit liegt die Verantwortung beim Jugendlichen.

Das eigene Zimmer ist ein gutes Beispiel für das, was ich demokratische Parenthese nenne. Wir müssen uns darüber im Klaren sein, dass das Zimmer des Kindes seine Privatsache ist; dennoch mischen wir uns ein, wenn man vor lauter Unordnung den Boden nicht mehr sieht. Oder wie es Will Smith in einer Talkshow ausdrückte: »Ich würde meinen fünf Kindern sagen, dass es mein Haus ist und sie ein Zimmer haben können, sie sich dann aber so verhalten müssen, wie ich es sage.«

Mittlerweile ist eine Gruppe von Kindern ins Zentrum unserer Aufmerksamkeit gerückt, die sogenannten *Mambos*, das sind die »Jungen« zwischen 14 und 48, die noch im Hotel Mama wohnen und sich von ihren Müttern bedienen lassen, die wiederum diesen Service als Liebe verstehen. Eltern können sich natürlich dafür entscheiden, für alles verantwortlich zu sein, aber dann dürfen sie auch nicht erwarten, dass ihre Kinder etwas zur Gemeinschaft beitragen.

Viele Konflikte zwischen Kindern und Eltern entzünden sich am Thema der Verantwortung. Doch wenn wir älteren Kindern sagen, dass wir ihnen die Verantwortung zurückgeben, reagieren diese meist mit begeisterter Zustimmung. Bei jüngeren Kindern zwischen fünf und sieben Jahren müssen die Eltern jedoch aufpassen, dass sie diese nicht überfordern. Sobald sie spüren, dass ihrem Kind seine neue Verantwortung zur Last wird, können sie mit ihm darüber reden und ihm einen Teil der Verantwortung wieder abnehmen. In dieser Hinsicht unterscheidet sich die Beziehung zwischen Eltern und Kindern nicht von der Beziehung unter Erwachsenen. Auch hier müssen die Verantwortlichkeiten stets neu verteilt werden.

Wie sich die Kompetenzen entwickeln

Wenn ich in einer Familie aufwachse, die mich fürsorglich behandelt und meine persönliche Integrität wahrt, dann habe ich gute Chancen, ein gesundes Selbstgefühl zu entwickeln. Das heißt, ich erwerbe die Fähigkeit, mit mir selbst in Kontakt zu treten, mich zu »spüren«, zu wissen, was ich denke und fühle. Je besser ich mich kenne, desto einfacher fällt es mir, Eigenverantwortung zu übernehmen, weil ich weiß, was ich möchte und wer ich bin. Deshalb fällt es Kindern und Erwachsenen, die Opfer von sexuellen oder emotionalen Übergriffen wurden, auch so schwer, ein intaktes Selbstgefühl zu etablieren.

Die Wahrung unserer persönlichen Integrität wirkt sich auch unmittelbar auf unsere Kooperationsbereitschaft aus. Wenn Kinder plötzlich nicht mehr kooperieren, ist davon auszugehen, dass sie entweder zu lange und zu viel kooperiert haben oder in ihrer Integrität gekränkt wurden. Wenn also die Sieben- bis 15-Jährigen auf alles nur gelangweilt, unbeteiligt und gereizt reagieren, dann deshalb, weil ihre Integrität verletzt wurde.

Es gibt eigentlich keine Verbindung zwischen dem Selbstgefühl und dem Selbstvertrauen, dennoch haben Menschen mit einem intakten Selbstgefühl in der Regel auch genug Selbstvertrauen. Wenn sie beispielsweise feststellen, dass ihnen das Erlernen einer Fremdsprache oder eines Musikinstruments schwerer fällt als gedacht, dann macht sie das zwar ein wenig traurig, es ist jedoch keine Katastrophe und längst kein Grund, sich selbst herabzusetzen.

In den letzten zwanzig Jahren hat sich herausgestellt, dass zwischen sozialer und emotionaler Verantwortung ein direkter Zusammenhang besteht. Wenn Kinder also von sozial verantwortlichen Eltern zu persönlichem Verantwortungsbewusstsein erzogen werden, wird auch ihre eigene soziale Verantwortlichkeit nichts zu wünschen übrig lassen. Das ist besonders interessant im Hinblick auf verhaltensauffällige Kinder und Jugendliche, weil wir diese in der Regel noch so behandeln wie vor hundert Jahren. Sie sollen lernen zu kooperieren und soziale Verantwortung zu übernehmen, aber das ist genau das, was sie nicht brauchen. Stattdessen sollten wir alles tun, um ihr Selbstgefühl zu stärken.

Mit Eltern im Gespräch

Eine Mutter: In meinem Bekanntenkreis gibt es viele Fälle, in denen bei Kindern ADHS diagnostiziert wurde. Wie ist Ihre Einstellung hierzu?

Jesper Juul: Es ist sehr schwierig, in wenigen Sätzen über dieses komplexe Thema zu sprechen. Im Grunde bräuchte ich mindestens zwei Stunden dazu. Meiner Meinung nach trifft die Diagnose ADHS nur in den seltensten Fällen zu.

Eine junge Lehrerin bat vor Kurzem die Eltern eines sechsjährigen Kindes darum, mit ihm zu einem Therapeuten zu gehen, damit sie anhand der Diagnose einschätzen könne, wie sie mit dem Kind umzugehen hätte. So etwas finde ich nicht nur unprofessionell, sondern furchtbar. Man hat in Deutschland etwa hundert ADHS-Fälle untersucht und festgestellt, dass die betreffenden Kinder entweder ein persönliches Trauma oder ein systemisches Familientrauma erlebt haben. Dennoch zweifle ich daran, dass dieses Ergebnis wirklich aussagekräftig ist, da in Deutschland durch seine jüngste Geschichte nahezu jedes Familiensystem irgendwelche traumatischen Züge trägt. Jedenfalls halte ich es für höchst schwierig, zwischen diesen Befunden eine Verbindung herzustellen.

Speziell in Deutschland stehen sich Befürworter und Gegner einer Medikation ziemlich unversöhnlich gegenüber. Ich habe viel mit ADHS-Familien zusammengearbeitet und dabei festgestellt, dass ADHS-Kinder dasselbe brauchen wie andere Kinder, nur noch mehr davon. Wenn Eltern versuchen, auf die ADHS-Kinder pädagogisch einzuwirken, geht das meist furchtbar schief, worunter Eltern wie Kinder gleichermaßen leiden.

In Dänemark leiden angeblich 150 000 Erwachsene an ADHS, obwohl sie nie diagnostiziert wurden. Ich kenne einige dieser Menschen und muss mit Erschrecken feststellen, dass diejenigen, deren Krankheit nicht diagnostiziert wurde, ihr Leben besser im Griff haben als die Diagnostizierten. Die ersten ADHS-Diagnosen wurden Mitte der 1980er-Jahre gestellt, und heute sehen wir, dass viele dieser Jugendlichen straffällig wurden, heute unter Suchtproblemen leiden oder Suizid begingen – trotz fachlicher Unterstützung. Diejenigen, die nicht behandelt wurden, mussten ihre Schwierigkeiten als Jugendliche allein durchstehen, doch als Erwachsene kommen sie ganz gut zurecht. Was ja in erster Linie etwas über die Qualität unserer Hilfsangebote aussagt.

Tatsache ist, dass bei den Betroffenen ein Teil des Gehirns passiv ist, quasi »schläft«, und nicht richtig funktioniert. Warum das so ist, weiß niemand genau, doch gibt es verschiedene Erklärungsansätze. Wenn heutzutage ein Kind durch besondere Aktivität auffällt, dann werden seine Eltern sofort nervös und denken an ADHS. Das hängt wohl auch damit zusammen, dass wir in ganz Europa die Kindererziehung weitgehend den Frauen überlassen haben. Und Erzieherinnen mögen eben vor allem Jungen, die sich wie Mädchen benehmen. Doch diese »anti-aggressive« Welle in der Pädagogik ist, um es diplomatisch auszudrücken, ziemlich kurzsichtig. Wir argumentieren, dass wir keine Aggressivität dulden, weil wir keine Gewalt wollen. Dabei ist es ein Trugschluss zu glauben, dass Aggressivität und Gewalt zusammenhängen. Es ist sogar besonders wichtig, dass Kinder – Jungen wie Mädchen – in den ersten zehn Lebensjahren die Möglichkeit bekommen, ihre Aggressivität auszuleben. Sie müssen damit experimentieren, um ein Feedback zu erhalten. Falls sie diese Erfahrungen machen dürfen, können wir einigermaßen sicher sein, dass sie in der Pubertät nicht gewalttätig werden. Wenn wir aber jede Form der Aggressivität verbieten und Eltern ein Riesenthema daraus machen, wenn ein Zweijähriger ein anderes Kind beißt, und sogleich vermuten, dieses Kind habe bestimmt ADHS, dann ist das meiner Meinung nach komplett hysterisch. Doch heutzutage dürfen die Jungen nicht mehr kämpfen, und die Erzieherinnen fragen ständig, wie sie bei Konflikten der Kinder am besten intervenieren können. Meine Antwort darauf lautet immer, dass sie dies so selten und so wenig wie möglich machen sollten.

Ich habe 35 Jahre lang mit Erwachsenen gearbeitet und festgestellt, dass sie kaum noch konfliktfähig sind. Sie können Konflikte weder aushalten noch beilegen, was Kinder normalerweise in kürzester Zeit hinbekommen. Bei ihnen findet ein Schlagabtausch statt, dann ist die Sache erledigt. Die Eltern sind natürlich immer schockiert, wenn ein wenig Blut fließt – aber was ist daran eigentlich so schlimm? Wirklich schlimm ist nur unsere Hysterie jeglicher Aggressivität gegenüber.

Wenn Jungen im Kindergarten und in der Familie alles mitmachen, was anti-aggressiv und feminin geprägt ist, dann erfahren sie keine Anerkennung, was ihre maskulinen Werte betrifft. Meine dänische Kommune hat zum Beispiel entschieden, dass es zwischen Jungen und Mädchen keinen Unterschied mehr geben darf. Das ist eine politische Entscheidung, und deshalb sollen Pädagogen auch keinen Unterschied bei den Kindern machen. Aber die Jungen bezahlen hierfür einen hohen Preis, und wir machen aus ihnen Zeitbomben. Sie schaffen es irgendwie bis zur Pubertät und explodieren dann, was allein unserem Verhalten als Erwachsene anzulasten ist. Wenn ein frustrierter Zweijähriger mit Fäusten auf einen Erwachsenen losgeht, dann hat das nichts mit Gewalt zu tun, sondern bedeutet lediglich, dass das Kind zwar schon reden kann, jedoch nicht schnell und gut genug, deshalb greift es auf seine Grobstatt auf seine Feinmotorik zurück.

Den meisten Erwachsenen gelingt es ja ebenfalls nicht, ihre Konflikte konstruktiv auszutragen. Ein Ehepaar braucht vielleicht dreißig bis hundert Anläufe, um endlich ein vernünftiges Konfliktgespräch zu führen – und wir wollen das von Vierjährigen verlangen?

Insbesondere Kinder haben nur durch zwei Verhaltensweisen die Möglichkeit, ihrer Familie und anderen Menschen in ihrem Umfeld mitzuteilen, dass es ihnen nicht gut geht: durch Aggression oder Depression. Wenn wir also Kindern Aggressivität verbieten, bedeutet das, dass sie es uns nicht sagen oder zeigen dürfen, wenn es ihnen schlecht geht. Dieser restriktive Umgang mit kleinen Kindern ist umso unverständlicher, da es erst eine Generation her ist, dass die Frauen in unserer Gesellschaft um ihr eigenes Recht auf Aggressivität gekämpft haben. Um ihr Recht, Nein zu sagen.

Und vor allem die Jungen leiden sehr darunter. Wenn die 14-Jährigen dann explodieren, weisen die Eltern alle Verantwortung von sich, sie seien ja schon immer gegen Gewalt gewesen. Doch wer gegen Aggressivität ist, ist gegen das Leben. Genauso gut könnte man Sexualität oder Trauer oder jedes andere Grundgefühl verbieten. In meiner Generation hat man noch für eine freie Sexualität der Kindergartenkinder plädiert. Doch auch das ändert sich allmählich. Inzwischen werden Kindergartenerzieher von besorgten Eltern gebeten, jegliche Doktorspiele der Kinder zu unterbinden, weil ja heutzutage so viele Mädchen vergewaltigt würden. Doch Menschen mit einer gesunden Sexualität werden nicht zu Vergewaltigern.

Wir wissen eigentlich so viel über ein gesundes Verhalten von Kindern und Menschen im Allgemeinen. Vierzig Jahre lang hat meine Generation für das Recht auf freie und eigene Gefühlsregungen gekämpft, und nun haben wir eine Elterngeneration, die überhaupt keine Gefühle mehr wünscht, deren Kinder permanent glücklich sein sollen. Doch wer Kinder glücklich machen will, der muss ihnen auch die ganze Bandbreite an Gefühlen zugestehen. Nur dadurch entstehen Selbstgefühl und Selbstvertrauen, nur so stärken wir ihre physische und psychische Gesundheit. Heutzutage wird auf künstliche, süßliche Art mit den Kindern umgegangen und ihnen gleichzeitig die Luft abgedrückt.

Das war jetzt nicht unbedingt eine Antwort auf Ihre Frage, aber das musste einfach mal gesagt werden.

Eine Frau: Was kann man einer Mutter raten, deren 16-jähriger Sohn in die Kifferszene abgerutscht ist und der damit seine Schulkarriere aufs Spiel setzt?
Jesper Juul: Dazu müsste ich mehr über die Familie wissen.
Frau: Es sind schwierige Familienverhältnisse. Die Mutter hat einen neuen Partner, der Junge ist ein Zwillingskind, wobei sein schwerbehinderter Bruder beim Vater geblieben ist. Es gibt auch noch einen älteren Bruder.
Jesper Juul: Wie lange ist die Trennung her?
Frau: Er war damals ungefähr sieben Jahre alt und hat mit seiner Mutter und dem älteren Bruder zusammengelebt. Seit sechs Jahren ist die Mutter wieder verheiratet. Er verweigert die Schule und raucht nur Joints.
Jesper Juul: Die Frage ist nun, was die Mutter tun kann. Die Mutter sollte versuchen, die Symptome zu ignorieren, denn wenn sie mit ihm über Drogen oder die Schule reden möchte, kommt sie nicht mit ihm in Kontakt. Aber das ist ja eigentlich auch nicht das Problem, sondern nur ein Symptom. Im Laufe der Jahre muss irgendetwas zwischen Mutter und Sohn passiert sein, weshalb er nun so reagiert. Es kann auch sein, dass etwas in der Beziehung mit ihrem neuen Partner schiefläuft. Mein erster Gedanke ist, ob der Junge, der bei der Mutter wohnt, vielleicht besser ebenfalls beim Vater wohnen sollte.
Frau: Der Vater will ihn nicht.
Jesper Juul: Aber das macht sein Bedürfnis ja nicht geringer. Er hat jahrelang versucht, seinen Eltern und allen anderen Menschen zu sagen, dass es ihm nicht gut geht und irgendwas bei ihm nicht stimmt, doch er bekam nur zu hören, dass er fleißig in der Schule sein und nicht rauchen sollte. Was soll er mit solchen Antworten anfangen? Er ist sicher sehr einsam und das schon sehr lange, und ich habe große Zweifel daran, ob die Mutter ihm überhaupt das geben kann, was er braucht. Sie ist

deshalb keine schlechte Mutter, aber wahrscheinlich kann nur der Vater ihm geben, was der Junge benötigt. Die meisten Kinder haben eine ganz besondere Beziehung zu einem der beiden Elternteile. Die Leute hören das nicht so gern, aber so ist es nun mal. Das heißt, dass ein Kind entweder von seiner Mutter oder von seinem Vater Lebenskompetenz und Lebensfähigkeit erlernen will.

Ich muss dazu sagen, dass das jetzt mein Ratschlag für diesen speziellen Fall wäre. Es mag ähnlich gelagerte Fälle geben, die etwas ganz anderes brauchen.

Soweit ich das einschätze, signalisiert der Junge mit seinem Verhalten seine Hilflosigkeit, und es bringt nichts, wenn ihm andere die Wege aufzeigen, denn es sind die falschen Menschen. Die Mutter sollte deshalb so wenig wie möglich über diese Probleme reden, sondern ihm zu verstehen geben, dass sie stets ihr Bestes getan hat, jetzt aber einsieht, dass es nicht gut genug war. Sie sollte ihm sagen, dass es ihr leidtut, dass sie ihn liebt und hinter ihm steht und hofft, dass er selbst einen Ausweg findet. Das wäre eine konstruktive Botschaft.

Frau: Die Mutter spricht schon in ähnlicher Weise mit ihrem Sohn. Sie sagt ihm, dass sie mit ihrem Latein am Ende ist, und fragt ihn, was er denn möchte, aber da kommt leider nichts.

Jesper Juul: Das mag sein, aber die Mutter empfindet ihre Hilflosigkeit wahrscheinlich als Niederlage, weil alle Eltern ihre Kinder retten wollen. Deshalb sollte sie zu ihrem Sohn ehrlich sagen, dass ihr das nicht gelungen ist, sie nun aber gerne eine echte Beziehung zu ihm haben möchte.

Frau: Der Vater spielt doch auch eine wesentliche Rolle, da er kein Interesse an seinem Sohn hat und den Kontakt ablehnt.

Jesper Juul: Natürlich, das ist alles sehr schwierig, um nicht zu sagen »tödlich« für den Jungen. Ich würde in so einem Fall den Vater anrufen.

Frau: Die Mutter ist eine Freundin von mir und den Ex-Mann kenne ich auch. Meinen Sie, ich sollte Kontakt zu ihm aufnehmen?

Jesper Juul: Ja. Sie können ihm ja sagen, dass Sie mit mir über den Fall gesprochen haben. Es kann natürlich sein, dass der Vater auch nicht weiß, was zu tun ist. Aber er sollte zumindest hören, dass seine Ablehnung grausame Konsequenzen hat, und er sollte sich nochmals überlegen, ob er den Kontakt zu seinem Sohn weiterhin ablehnt. Der Vater scheint ja durchaus verantwortungsbewusst zu sein, denn er kümmert sich schließlich um den behinderten Bruder. Aber zwischen ihm und seinem anderen Sohn hat es wohl noch nie richtig klick gemacht.

Eine andere Frau berichtet von ihrer Arbeit in einer Klinik, in der Jugendliche eine vierwöchige Therapie machen. Viele dieser Jugendlichen werden als »non-compliant«, also aufsässig eingestuft. Man unterstellt ihnen, dass sie die Therapiemaßnahmen nicht so annehmen, wie Ärzte und Eltern es gerne hätten, weil sie bisher nicht in der Lage waren, die Verantwortung für ihr eigenes Leben zu übernehmen.

Jesper Juul: Was will man mit so einer Einstufung erreichen?

Frau: Gute Frage. Wahrscheinlich will man sie dazu anhalten, Eigenverantwortung zu übernehmen und bewusste Entscheidungen zu treffen.

Jesper Juul: Für chronisch Kranke gibt es jede Menge Fürsorge und Expertenmeinungen. Doch der Kranke wird dabei schnell zum Objekt, was für ihn äußerst unangenehm ist. Die meisten Kinder halten das bis zur Pubertät aus. Danach wollen sie endlich eigene Entscheidungen treffen. Wir haben dann nur noch die Möglichkeit, ihnen Hilfsangebote aufzuzeigen, und die Jugendlichen müssen sich frei entscheiden, ob sie diese Angebote annehmen.

In meinem Buch über chronisch kranke Kinder wird der Fall eines Jugendlichen beschrieben, der chronisch krank war und keine weiteren Therapien mehr in Anspruch nehmen wollte. Die Konsequenzen waren sehr ernsthaft, da die Gefahr eines früher eintretenden Todes bestand. Dennoch blieb er bei seiner Entscheidung. Ich habe ein ganzes Wochenende mit den Eltern gearbeitet und ihnen vermittelt, dass der Jugendliche sicher nicht sterben will, aber selbst die Verantwortung für seine Therapie tragen müsse. Wenn man sich vor Augen führt, dass er diese Krankheit seit dem sechsten Lebensjahr hatte, seitdem täglich zur Physiotherapie ging und ständig wechselnde Therapeuten erlebte, denen er seinen Körper »zur Verfügung stellen« musste, dann erscheint es nur logisch, dass er mit 16 Jahren endlich selbst bestimmen wollte, wie die Behandlung aussieht. Nach drei Wochen stimmte er von sich aus zu, die Therapie fortzusetzen, aber er wollte mitreden, was die näheren Umstände betraf.

Dasselbe geschieht bei jungen Diabetes-Patienten, denen Eltern, Ärzte und Pflegepersonal Eigenverantwortung vorenthalten. Alle Eltern argumentieren, dass sie Angst haben, ihr Kind könne sterben, wenn sie die Kontrolle abgeben. Gerade weil diese Angst nicht unbegründet ist, gehört es für die Eltern zu den schwierigsten Aufgaben, dennoch loszulassen.

Ich habe sehr mit einer Mutter gekämpft, deren zuckerkranker Sohn 22 Jahre alt war. Sie war Familientherapeutin, und wir fanden es beide furchtbar, wie sie mit ihrem Sohn umging. Nach vielen Gesprächen konnte sie ihrem Sohn endlich sagen, dass sie ihm die Verantwortung übergebe. Und zwar nicht, weil sie dem Sohn mehr Eigenverantwortung zutraute, sondern weil sie mir vertraute. Als sie damit aufhörte, ihn zu kontrollieren, war der Insulinspiegel des jungen Mannes nach nur drei Wochen so stabil wie nie zuvor.

Die Frau merkt an, dass sie nicht mit den Eltern arbeiten könne, da nur die Jugendlichen vor Ort seien. Sie möchte von Jesper Juul gern hören, wie er mit diesen Jugendlichen sprechen würde, damit sie gestärkt nach Hause gehen können.
Jesper Juul: Um wie viele Jugendliche handelt es sich?
Frau: Um insgesamt zwanzig, die jeweils für vier Wochen dableiben.
Jesper Juul: Dann würde ich ihnen sofort sagen, dass es mir leidtut, dass sie chronisch krank sind und bisher alle möglichen Leute für sie verantwortlich waren. Dass sie aber jetzt, in dieser Klinik, die Möglichkeit hätten, selbst zu entscheiden, wie es weitergeht. Dass sie zu bestimmten Dingen auch Nein sagen können. Man muss so etwas sehr entschieden und laut sagen, Andeutungen helfen nicht weiter. Wenn die Jugendlichen dies als Einladung verstehen, werden sie darüber nachdenken. Als Arzt oder Betreuer ist es natürlich weitaus sicherer und ungefährlicher, auf so eine Einladung zu verzichten und stattdessen so weiterzumachen wie bisher. Doch wenn man den Jugendlichen mitteilt, dass man gerne vier Wochen mit ihnen verbringt, aber nur mit denjenigen, die für sich selbst die Verantwortung übernehmen, dann wäre das ein neuer und mutiger Schritt.

Eine junge Frau meldet sich zu Wort und erzählt, als schwer krankes Kind sei es für sie damals ungeheuer wichtig gewesen, ernstgenommen zu werden. Sie habe stets sehr genau gespürt, wenn der behandelnde Arzt in ihr nur einen Fall sah oder andere Menschen sie von oben herab behandelten. Sie unterstreicht, dass es unendlich wichtig ist, Kindern zu vermitteln, dass ihr eigenes Gefühl richtig und wichtig ist.

4. Die Kunst, Nein zu sagen

Einführung

Ach ja! Ja sagen ist doch viel leichter. Wir denken, wir machen uns dadurch beliebt. Ein Ja fördert die Harmonie. Ist stets willkommen. Ganz anders das Nein. Wer Nein sagt, gilt als Spielverderber und muss eine gute Begründung haben. Sie merken schon: Das Nein muss mit größerer Klarheit und innerer Überzeugung vertreten werden als das Ja. Kinder hören am Klang unserer Stimme, sehen es in unseren Augen und an unserer Körperhaltung, ob ein Nein verhandelbar oder unumstößlich ist.

Dennoch haben viele Eltern das Gefühl, mit ihrem Nein nicht durchzudringen oder neue Konflikte zu produzieren. Woran liegt das? Mit ziemlicher Sicherheit braucht es eine andere, persönlichere Ansprache als bisher. Und es spricht nichts dagegen, das eigene Kind um Rat zu fragen, zum Beispiel folgendermaßen: »Was ich bisher probiert habe, hat offenkundig nicht geklappt. Hast du eine Idee, wie wir das ändern können? Ich will nicht mehr so viel schimpfen, brauche aber auch von dir etwas Entgegenkommen. Was meinst du?«

Bei solchen Gesprächen kommt oft heraus, dass sich die Kinder vor allem gegen einen unpersönlichen und unfreundlichen Ton wehren, der sie zu Befehlsempfängern degradiert und zu Objekten macht. Mit etwas Freundlichkeit lässt sich manches Nein wesentlich besser transportieren.

In diesem Zusammenhang muss darauf hingewiesen werden, dass Kinder nicht an Macht interessiert sind. Sie sabotieren die Entscheidungen der Erwachsenen nicht, um die Autorität der Eltern zu brechen. Nein, solche Konflikte sind wichtig für ihr inneres Gleichgewicht und machen eine erneute Kooperation erst möglich. Wenn ein Kind ein Nein der Mutter oder des Vaters nicht sogleich akzeptiert, sondern um die Erfüllung seines Bedürfnisses kämpft, ist das vielmehr ein Zeichen dafür, dass hier eine gesunde Beziehung besteht! Weil das Kind ein Nein infrage stellen darf, ohne befürchten zu müssen, deshalb bestraft oder gedemütigt zu werden. Wenn das Kind diesen Kampf nicht führen darf, lernt es nicht, für seine eigenen Bedürfnisse zu sorgen. Dabei geht es nicht darum, dass sein Bedürfnis erfüllt wird! Es geht darum, dass sein inniger Wunsch gesehen und anerkannt wird. Ein Beispiel: »Papa, darf ich ein Eis essen?« »Nein, es gibt gleich Mittagessen.« »Aber warum darf ich vorher kein Eis?« »Weil ich mich so entschieden habe.« »Blöder Papa!« – Das ist der Moment, in dem manche Eltern »einknicken«, weil sie vermuten, ihr Kind könnte sie jetzt nicht mehr lieben. Das stimmt für zwölf Sekunden. Dann lässt der emotionale Druck nach und alle können wieder etwas klarer sehen, Kinder und Eltern. Aber wichtig war dabei: Das Kind hat sein Bedürfnis deutlich und mit Nachdruck formuliert (beziehungsweise formulieren dürfen), und der Vater ist bei seiner Überzeugung geblieben: vor dem Essen kein Eis.

Natürlich kann sich der Vater auch anders entscheiden, wenn er der Meinung ist, ein Eis vor dem Mittagessen sei völlig in Ordnung. In diesen Fragen gibt es kein Richtig oder Falsch. Und das ist gut so.

Ein Wort zum Abbau von Frustrationen: Ein Kind ist zunächst frustriert, wenn es nicht bekommt, was es möchte. Die einen reagieren mit Wut, andere schmollen, wieder andere wälzen sich vor der Supermarktkasse auf dem Boden, die nächsten brechen in

Tränen aus. Das dient dem Abbau der eigenen Frustration und bringt das Kind mit sich selbst wieder ins Gleichgewicht. Was dann noch folgt, ist die Trauer des Kindes: Ich habe es nicht bekommen. Dabei ziehen sich viele Kinder zurück. Sie brauchen Zeit zur Verarbeitung ihrer Trauer, bitte geben Sie ihm/ihr diese Zeit. Versuchen Sie nicht, den Schmerz zu teilen. Geteiltes Leid wäre hier doppeltes Leid. Ich weiß, dass das für junge Eltern schwer ist. Sie glauben, sie würden ihr Kind vernachlässigen, aber das tun sie nicht. Ihr Kind lernt, mit Enttäuschungen umzugehen. Diese Erfahrung wird es später dringend brauchen. Wie gut, dass Sie (mit etwas Abstand) bei ihm sind!

Neinsagen ist wichtig

Ich glaube, ich war ungefähr 42 Jahre alt, als ich lernte, Nein zu sagen. Meine Frau hat mir sehr dabei geholfen, weil sie bemerkte, dass ich am Telefon zu allen Beratungsanfragen stets Ja sagte. Eines Tages fing sie damit an, mir immer ein »Nein« zuzuflüstern, wenn ich telefonierte. Als ich darauf nicht reagierte, sagte sie es lauter, und als auch das nichts nützte, nahm sie mir schließlich den Hörer aus der Hand, teilte meinem Gesprächspartner mit, dass ich nicht wolle, und legte auf. Da das einfach zu peinlich war, musste ich lernen, selbst Nein zu sagen.

Wir alle wissen, wie schwierig es ist, Nein zu sagen. Die Generation meiner Eltern hat prophylaktisch immer Nein gesagt, was wir nicht gut fanden, weil das Nein einen aggressiven Unterton hatte. Sie meinten, einmal »Nein« müsse genügen, und wollten sich nicht wiederholen. Oft hatte das Nein materielle Gründe, weil sie sich die Wünsche ihrer Kinder schlicht nicht leisten konnten. Zum anderen pochten sie auf die damals noch verbindlichen Regeln, wozu »man« Ja und Nein zu sagen hatte. Bei den heutigen Eltern ist es umgekehrt. Sie sagen fast nur noch Ja, obwohl manchmal ein klares Nein notwendig wäre.

Die Frage ist nun, weshalb ein Nein so wichtig ist.

Eine Liebesbeziehung muss mit »Ja« anfangen!

Es besteht kein Zweifel, wie wichtig das Ja ist, das wir unseren Kindern und einander zukommen lassen. Alle Liebesverhältnisse werden durch ein Ja besiegelt, das aus vollem Herzen kommt. Es ist dieses Ja, das Neugeborene in den Augen ihrer Eltern sehen sollten – als gemeinsamer Beginn einer lebenslangen Beziehung. Diese Beziehung erlebt verschiedene Phasen. Es ist ein Mythos, dass Kinder in der sogenannten Trotzphase anfangen, Nein zu sagen, und damit das Nein ihrer Eltern provozieren. Wenn heute darüber diskutiert wird, dass Eltern zu selten Nein sagen, fällt oft der Begriff »Verwöhnung«. Meine eigenen Eltern waren definitiv der Meinung, dass ein Eis pro Woche reichen müsse, weil man die Kinder sonst verwöhnen würde. Für sie war das eine Frage des Prinzips. Doch die Frage, ob ein Kind verwöhnt ist, hat nichts mit starren Regeln oder Prinzipien zu tun. In meinen Augen gibt es keinen vernünftigen Grund, der dagegen spräche, seinem Kind drei Mal am Tag Eis zu kaufen. Nur müssen sich die Eltern darüber im Klaren sein, dass zwischen dem, was die Kinder wirklich brauchen, und dem, worauf sie gerade Lust haben, ein großer Unterschied besteht. Auf dieser Grundlage können sie dann mit Bedacht abwägen, ob sie einen momentanen Wunsch ihres Kindes guten Gewissens und reinen Herzens erfüllen können.

Dennoch stellen viele Eltern die Frage, in welchen Situationen man Nein sagen muss. Meiner Meinung nach gibt es dafür weder eine goldene Regel noch eine bestimmte Quote, wie oft pro Woche oder pro Monat ein Nein empfehlenswert wäre. Jede Familie muss selbst entscheiden, was sie will und welche Werte hierbei zum Tragen kommen. Die große Frage in Liebesbeziehungen, egal, ob es sich um die Partnerschaft oder die Beziehung zu seinen Kindern dreht, ist ja, wie man lieben kann, ohne die eigene Integrität zu verlieren. Die Aufrechterhaltung dieses Gleichgewichts zwischen Kooperation und Integrität ist das Wesentliche, und dabei spielt die Frage des Neins eine große Rolle.

Für ein Nein gibt es eine Reihe vernünftiger Gründe, aber keine Quote.

»Ja« wird in unserem Gehirn gleichgesetzt mit Liebe. Je mehr man liebt oder sich für jemand interessiert, desto mehr muss man Ja sagen, das ist unumgänglich.

Andererseits kommt es in vielen Beziehungen zum »verflixten siebten Jahr«, weil wir zu oft »Ja« und zu viel »Wir« gesagt haben. In dieser Siebenjahreskrise ist die Lust auf Gemeinschaft dem Gefühl einer lästigen Pflicht gewichen. Deshalb müssen wir zum »Du und ich« zurückfinden, unsere eigenen Wünsche und Erwartungen artikulieren. Sonst geschieht es, dass wir unserem Partner eines Tages die Rechnung präsentieren, weil unser innerer Buchhalter genau aufgelistet hat, wie oft wir »Ja« gesagt haben, obwohl wir eigentlich »Nein« meinten, und nun glauben, der Partner sei uns genau diese Menge an »Jas« schuldig. Doch so eine Rechnung ist meist eine Bankrotterklärung für die Beziehung.

Das schwierige »Nein«

Das Nein gegenüber Menschen, die wir lieben, fällt uns besonders schwer. Doch wenn wir ihnen gegenüber das Nein vermeiden, müssen wir uns entweder aufopfern oder lügen, indem wir zum Beispiel eine Krankheit oder Verabredung vorschieben. In unserer Not greifen wir zu jeder Menge Erklärungen und Entschuldigungen, um nicht Nein sagen zu müssen.

Je verliebter wir sind, desto häufiger sagen wir Ja. Für Säuglinge ist das wunderbar, denn sie brauchen in den ersten fünf bis sechs Monaten diese uneingeschränkte Bereitschaft ihrer Eltern, immer für sie da zu sein. Doch im Laufe der Zeit muss das Gleichgewicht zwischen Kooperation und Integrität neu justiert werden. Eltern sind oft ratlos, wenn ihr fünfjähriges Kind immer noch mit ihnen in einem Bett schlafen will. Ich denke, dass man dem Kind klar sagen muss, dass man das nicht mehr möchte. Die Botschaft muss der eigenen Wahrheit entsprechen. Wenn man um den heißen Brei herumredet, wird es nur schlimmer. Und wenn man beginnt, ans Alter und Verständnis des Kindes zu appellieren, kooperiert es nicht, da es selbst kein Problem mit dem Neinsagen hat.

Von Eltern bekomme ich oft zu hören, dass sie *versuchen*, zu ihren Kindern Nein zu sagen. Eine Mutter, deren 14-jährige Tochter unbedingt bei ihr im Bett schlafen wollte, hat es einmal so formuliert: »Ich habe immer wieder versucht, sie davon abzuhalten, aber es war einfach nichts zu machen.« Dazu lässt sich nur feststellen, dass man das Neinsagen nicht »versuchen« kann. Entweder man sagt Nein oder man lässt es.

Ein Versuch ist kein Nein, sondern ein Vielleicht.

Ich denke auch, dass man seinen Kindern mit einem klaren Nein nicht schaden kann. Natürlich wollen Kinder ebenso wenig gern ein Nein hören wie die Erwachsenen, kommen damit aber problemlos zurecht. Denn nur weil etwas unangenehm ist, macht es einen noch lange nicht unglücklich. Ich betrachte das Nein sogar als liebevolle Antwort, weil es bedeutet, dass ich gerne mit jemand zusammenleben kann, ohne meine eigene Seele oder Integrität aufgeben zu müssen. Was ebenso bedeutet, dass ich dem anderen weder zum Opfer fallen werde noch dieser riskiert, dass ich ihm nach zwanzig Jahren vorwerfe, mich stets angepasst und verleugnet zu haben.

Das unfreundliche »Nein«

Zum unfreundlichen oder aggressiven Nein kommt es, wenn wir eigentlich Ja sagen wollen, uns dabei aber unwohl oder unter Druck gesetzt fühlen. So ein Nein erhielt ich beispielsweise von meinem Vater, wenn er merkte, dass ich kurz nach meinem Geburtstag bereits ein weiteres Geschenk im Auge hatte. Dann erklärte er mir wie ein Steuerberater, warum man dafür nicht auch noch Geld ausgeben könne. Da er einer gängigen Praxis folgte, hat meine Generation nicht gelernt, wie man Wünsche äußert, weil das quasi verboten war. Wir sollten warten, bis uns jemand die Wünsche von den Augen ablas oder uns direkt nach ihnen fragte. Selber fragen durften wir nicht. Meine Eltern machten ganz deutlich, dass man nicht nach etwas fragt, sondern abwartet. Mit Glück bekam man dann manchmal ein zweites Stück Kuchen.

Glücklicherweise änderte sich im Laufe der Zeit die Einstellung zum Geben und Nehmen. Und so lernten viele von uns später noch um, denn Beziehungen, in denen man nicht sagen kann, was man will, funktionieren einfach nicht.

Wenn wir selbst aggressiv werden und daraufhin ein schlechtes Gewissen bekommen, dann sollten wir uns überlegen, was das bei unseren Kindern bewirkt. Wir haben nämlich eine doppelte Botschaft ausgesandt, einen Widerspruch, der Kinder natürlich irritiert. Wenn sie uns anschließend herausfordern, um die Wahrheit hinter unserem Verhalten zu ergründen, dann provozieren sie nicht und sie testen auch keine Grenzen aus, wie es so oft heißt. Vielmehr geht es um etwas Existenzielles. Sie wollen den Menschen hinter der Rolle sehen. Sie wollen wissen, ob der Vater wirklich Nein oder eigentlich Ja meint. Um das zu erfahren, fordern sie uns heraus. Das wird dadurch deutlich, dass die Kinder sofort damit aufhören, »Grenzen zu testen«, sobald die Eltern sich klar ausdrücken.

Dennoch gibt es zu diesem Thema haufenweise Ratgeber, die uns einreden, man müsse den Kindern permanent Grenzen setzen und Konsequenzen androhen: »Wenn du nicht … dann …« ist ein alltäglicher Satz im Repertoire vieler Eltern. Wenn man sich selbst diesen Satz sagen hört, sollte man in sich gehen, um herauszufinden, was man eigentlich will und was nicht. Es ist schon in Ordnung, sich hin und wieder ein wenig unklar auszudrücken, doch leiden alle darunter, wenn es zur Regel wird.

Dabei helfen uns die Kinder, uns selbst besser kennenzulernen. Unsere innere Substanz, unsere Grenzen, unseren Energiehaushalt – über all das wissen wir nur Bescheid, weil die Kinder uns jeden Tag darauf aufmerksam machen. Sie überschreiten jeden Tag unsere Grenzen. Ein normal begabtes Kind braucht etwa sieben bis acht Jahre, um seine Eltern kennenzulernen. Deshalb müssen Eltern manche Dinge auch ständig wiederholen. Normen und Moralvorstellungen, die man aufstellt, können Kinder erst im Alter von vier, fünf Jahren verstehen und in ihr Verhalten integrieren. Erwachsene benötigen in dieser Hinsicht ungleich mehr Zeit, um die Grenzen in einer Partnerschaft richtig einschätzen zu können. In der Regel brauchen sie dafür zehn bis fünfzehn Jahre, und selbst danach ist man nicht vor Überraschungen gefeit.

Wenn sich Kinder also in unseren Augen »unmöglich« benehmen, dann kann man zu 99 Prozent davon ausgehen, dass wir Erwachsenen uns unklar verhalten oder ausgedrückt haben. Aus der Familienpsychologie weiß man, dass Kinder sehr schlecht mit Doppelbotschaften umgehen können.

Das intellektuelle »Nein«

In meiner Generation hatte man die Befehle und den Gehorsam satt und meinte deshalb, dass Kinder ein Recht auf Erklärungen hätten. Das war vor allem ein politisches Statement, wurde aber von den Erwachsenen umgehend in die Tat umgesetzt. Es dauerte nur wenige Jahre, bis Kinder mit Erklärungen geradezu überhäuft wurden. Wir erklärten ihnen selbst Dinge, die keiner Erklärung bedurften, und schließlich lernten wir, die Kinder durch Erklärungen zu manipulieren.

Aber wir überfordern unsere Kinder, wenn wir ihnen zunächst ausführlich erklären, warum sie uns nicht auf eine Party begleiten können, und anschließend die Frage hinterherschicken, ob das für sie auch okay wäre. Kein Wunder, dass die meisten Kinder darauf ratlos reagieren und nicht wissen, was sie antworten sollen. Im Prinzip lässt sich sagen, dass Kinder nur dann eine Erklärung brauchen, wenn sie danach fragen.

Zu viele Erklärungen überfordern Kinder.

Wenn ein Kind sagt, dass es etwas nicht versteht, kann man es gerne erklären. Doch wenn ein Kind stereotyp x-mal »Warum?« fragt, dann ist es erklärungssüchtig geworden, und man kann erklären, so viel man will, es wird nie genug sein. Man kann sich diese Energie sparen. Auch Erwachsenen sollte man nur dann etwas erklären, wenn sie danach fragen, sonst nicht. Das hat nichts mit Demokratie zu tun, sondern mit Beziehung, denn erklärungssüchtige Menschen sind furchtbar.

Zusammenfassend lässt sich sagen, dass wir nur dann eine Erklärung geben sollten, wenn:

- der Gesprächspartner danach fragt
- die Erklärung gut angenommen wird
- man überhaupt eine Erklärung hat!

So erziehen Sie kein »erklärungssüchtiges« Kind.

Das persönliche »Nein«

Das persönliche Nein, das ich beispielsweise meinem Partner zukommen lasse, ist deshalb so wichtig, weil es impliziert, dass ich zu mir selbst Ja sage: zu meinen eigenen Grenzen, Bedürfnissen und Wertvorstellungen. Dieses Nein ist immer freundlich, weder kalt noch aggressiv, und schadet niemandem. Es kann frustrieren, aber das ist kein Problem.

> *Das persönliche Nein ist alternativlos und*
> *hat zudem den Vorteil, dass es das Selbstgefühl*
> *des »Neinsagers« stärkt.*

Gerade für Eltern kommt hinzu, dass sie in ihre Überlegungen zwei Perspektiven miteinbeziehen müssen, die Gegenwarts- und die Zukunftsperspektive. Wenn sie zu ihrem Dreijährigen Ja sagen, obwohl sie Nein meinen, erschweren sie ihm sein Leben, wenn er 14 Jahre alt sein wird.

Vor allem Kinder ab dem zehnten Lebensjahr brauchen klare Botschaften, weil sie ganz konkret wissen müssen, was gut für sie ist – für ihre Seele und ihren Körper – und was nicht. Früher gab es einen moralischen Konsens, da wussten die Jugendlichen genau, was sie tun konnten und was nicht, wofür sie belohnt und bestraft wurden. Daher waren sie gezwungen, ein Doppelleben zu führen, in dem sie all das, was die Eltern nicht wissen durften, im Geheimen taten. Heute haben wir eine andere Situation, weil es keinen Konsens mehr gibt, die Kinder aber weitaus öfter die richtige Entscheidung treffen müssen. Man denke nur an die Angebote und Verführungen des Internets, zu denen sie sich irgendwie verhalten müssen.

Müttern fällt das Nein gegenüber ihren Kindern in der Regel schwerer als den Vätern. Deshalb sollten sie sich stets vor Augen führen, dass ihre kleine Tochter irgendwann, sagen wir mit 14 Jahren, mit einem Jungen zusammenkommen wird und dann genau wissen sollte, was sie will und was nicht. Mädchen, die nichts anderes als das ständige liebevolle Ja ihrer Mütter erlebt haben, glauben später, dass auch sie immerzu Ja sagen müssten. Eltern sollten keine Opferhaltung annehmen und ihre eigenen Bedürfnisse als unwichtig ansehen. Die Voraussetzung hierzu ist freilich, dass man überhaupt weiß, was man will.

Zu mir in die Beratung kam einmal ein Paar mit zwei Kindern im Alter von drei und fünf Jahren (von denen das ältere behindert war), weil ihre Paarbeziehung nicht mehr gut funktionierte. Schließlich fing der Mann an zu weinen und gestand, dass er eigentlich gar keine Lust mehr habe, nach der Arbeit nach Hause zu fahren, aber so etwas könne man ja schlecht zu seiner Partnerin sagen. Der Mann dachte, dass er immer und unbedingt Ja zu seiner Partnerin und Familie sagen müsse. Ja zu seinem behinderten Kind. Ja zur hundertprozentigen Elternrolle. Ja zur Arbeit, Ja zu allem. Sein Körper sagte jedoch Nein, und so forderte ich ihn auf, dieses Nein auch auszusprechen, weil er damit Ja zu sich selbst und seinen eigenen Bedürfnissen sagen würde. Er entgegnete, dass er seine eigenen Bedürfnisse gar nicht kenne. Im Übrigen schien er nicht genau zu verstehen, worauf ich hinauswollte. Daraufhin sagte seine Frau, die ihn die ganze Zeit sehr liebevoll ansah, zu ihm, dass er, als sie sich kennengelernt hatten, oft mit seinen Freunden Motorrad gefahren sei, mit Kollegen Tennis gespielt und jeden Morgen Sport gemacht habe und dass er das alles inzwischen nicht mehr tun würde. Er erklärte, dass er das alles wegen der Familie aufgegeben habe, worauf seine Frau entgegnete, dass sie sich aber in diesen Mann von damals verliebt hätte. Das reichte aus, um innerhalb einer Woche alles wieder ins Lot zu bringen. Der Mann merkte, dass es in seiner Familie Platz für seine Bedürfnisse gab, auch wenn er nicht immer präsent war. Solche entscheidenden Gespräche kommen nur durch eine Krise zustande. Sie prophylaktisch zu führen, ist leider nicht möglich.

Kinder ab einem Alter von circa eineinhalb Jahren erwarten, dass ihre Eltern immer Ja sagen. Wenn sie plötzlich ein Nein hören, sind sie frustriert und verstehen die Welt nicht mehr. Doch wenn man sie nicht kritisiert und ohne Panik darauf reagiert, dann beruhigen sie sich schon nach wenigen Sekunden, weil sie merken, dass es in Ordnung ist, frustriert zu sein. Dass es in der Familie Platz für Frustration gibt. Viele Eltern verwechseln heutzutage Frustration mit Unglück. Es gibt wenige wirklich unglückliche Kinder, doch vierzig bis fünfzig Frustrationen am Tag sind für sie nichts Ungewöhnliches.

Das maskuline und das feminine »Nein«

Diese Einordnung in maskulin und feminin scheint heutzutage ein wenig altmodisch zu sein, dennoch fällt es vielen Vätern leichter als den Müttern, guten Gewissens Nein zu sagen. Sie sagen Nein und gehen aus der Situation heraus. Daher sind Väter oft in der Lage, ihre Kinder problemlos ohne Protest in der Krippe abzuliefern. Werden dieselben Kinder von ihren Müttern zur Krippe gebracht, weinen sie und wollen sich nicht von ihnen trennen. Das Gleiche gilt fürs Einschlafen, bei Arztbesuchen etc. Männern gelingt dies oft besser, weil sie weniger Mitgefühl und Empathie ausstrahlen. Dagegen fällt es auch selbstbewussten, intelligenten Frauen oft schwer, zu ihren Kindern Nein zu sagen, obwohl es ihnen im Alltag und Berufsleben mühelos gelingt. Und wenn sie sich doch zu einem Nein durchringen, schauen sie das Kind dabei mit traurigen, erwartungsvollen Augen an, die bereits signalisieren, dass die Mutter zeitgleich um Vergebung bittet. So ein Nein ist natürlich nicht sehr überzeugend. Es ist sozusagen ein Nein, das unter Vorbehalt steht. Ein Nein, das nur dann Bestand hat, wenn es das Kind nicht unglücklich macht.

Viele Mütter könnten deshalb von ihren Männern lernen, wie man überzeugend Nein sagt. Da es für das Nein jedoch keine Quote gibt, müssen wir uns ganz auf unser Gefühl verlassen, wann der richtige Zeitpunkt dafür gekommen ist. Wir müssen uns fragen, was wir in der jeweiligen Situation wollen und was nicht – unabhängig davon, wie sich andere in dieser Situation verhalten würden. Wenn ich beim Essen allein sitzen möchte, dann sage ich zu meinem Kind, dass es jetzt nicht auf meinem Schoß sitzen kann. Wenn es sich beklagt, dass es beim Papa immer auf dem Schoß sitzen darf, bleibt einem nur die Antwort, dass der Papa jetzt nicht da und es bei einem selbst eben anders sei. Oder umgekehrt. Das stellt für Kinder nicht das geringste Problem dar.

Für Kinder ist es etwas Wunderbares, unterschiedliche Menschen zu erleben und von ihnen auf vielfältige Art soziale Kompetenz zu erlernen.

Doch heutzutage wollen die meisten Eltern nach dem Konsensprinzip erziehen und verlangen selbst von den Großeltern, die elterlichen Erziehungsmaßstäbe zu übernehmen, was ich für ziemlichen Unsinn halte. Denn der Glaube an die Notwendigkeit einer absoluten Konformität in der Erziehung ist ebenso unsinnig wie die überkommene Forderung, dass sich Eltern stets einig sein müssen. Diese Einigkeit bestand früher einmal, als die Familie noch hierarchisch gegliedert war. Natürlich ist es praktisch, wenn sich die Eltern beispielsweise bei der Wahl der richtigen Schule für ihre Kinder einig sind. Doch für diese stellt es kein Problem dar, wenn ihre Eltern in alltäglichen Fragen unterschiedlicher Meinung sind. Problematisch ist es nur für die Eltern selbst, weil meist jeder die eigenen Ansichten und Methoden für die richtigen hält. Bei näherer Betrachtung ist dies jedoch nichts anderes als Rechthaberei, und die schadet den Kindern ganz gewiss – man sollte sie sich also verkneifen.

Der »gesunde« Konflikt

Meine Eltern glaubten, alle Konflikte vor den Kindern verbergen zu müssen. Meine Generation versuchte es mit der gegenteiligen Strategie und wollte partout alle Konflikte auf den Tisch bringen und ausdiskutieren. Allerdings waren unsere Eltern in dieser Hinsicht keine Vorbilder, und so hatten wir keine Ahnung, wie wir das tun sollten. Daraus entstand eine Generation, die alle Konflikte ansprach, aber nicht genau wusste, wie man damit umzugehen hatte. Auf sie folgte die heutige Generation, die alle Konflikte meidet, den totalen Konsens sucht und die eigene Familie in einen konfliktfreien Raum verwandeln möchte. Diese Eltern bekommen beim geringsten Konflikt mit ihren Kindern ein mulmiges Gefühl, weil sie der Meinung sind, dass man mit Zwei- oder Vierjährigen überhaupt keine Konflikte haben sollte. Was jedoch eine Illusion ist, da das Zusammenleben mit anderen Menschen zwangsläufig eine Vielzahl täglicher Konflikte mit sich bringt. Das heißt wiederum nicht, dass all diese Konflikte Gespräche oder Verhandlungen nach sich ziehen müssen. Jeder von uns hat nun mal eigene Bedürfnisse, Wünsche und Träume. Und während der eine an einem schönen Tag gern in die Stadt gehen möchte, zieht es den anderen in den Wald – schon haben wir einen Konflikt. Über solch einen Konflikt sollte man reden können, und mit etwas Glück geht man anschließend gemeinsam irgendwohin. Falls keine Einigung möglich ist, geht eben einer in die Stadt und der andere in den Wald. Für meine Eltern wäre eine solche Lösung allerdings unvorstellbar gewesen.

Kinder denken anders und äußern vorbehaltlos ihre Wünsche. Und wenn die Eltern Nein sagen, dann fangen sie an zu kämpfen. Am Anfang mittels ihrer Grobmotorik, später mithilfe von Sprache und Stimme. Und genau dieses Übungsfeld brauchen sie, um zwanzig Jahre später, wenn es um ihre Karriere geht, ihren Kampfgeist unter Beweis stellen zu können. Eltern, die ihren Zweijährigen jeden Konflikt ersparen bzw. vorenthalten haben, sollten sich zumindest nicht wundern, wenn ihre erwachsenen Kinder diesen Kampfgeist später vermissen lassen.

Freilich haben Kinder, unabhängig vom Alter, verschiedene »Kampfstile«. Pubertierende laufen manchmal zwei Wochen mit hängendem Kopf herum und sagen kein einziges Wort. Wenn sie endlich einsehen, dass ihnen ein großer Wunsch versagt bleiben wird, brechen sie in Tränen aus. Meine Elterngeneration hat in so einem Fall geglaubt, die Kinder wollten sie manipulieren, was jedoch nicht stimmt. Die Tränen bringen ganz einfach ihre Trauer zum Ausdruck. Ihr unerfüllter Wunsch kommt einem Verlust gleich, den sie betrauern müssen. Deshalb sollten wir sie in diesem Moment auch in Ruhe lassen, sie weder trösten noch ablenken oder mit Erklärungen überhäufen. Wenn Kinder in Ruhe gelassen werden wollen, signalisieren sie das ganz deutlich; wir Erwachsene müssen es ihnen nur zugestehen. Das ist ein sehr gesunder Prozess.

Die Neurobiologen sagen, dass Kinder nur dann Empathie entwickeln können, wenn sie Frustration erlebt und durchlebt haben, anders ist es nicht möglich. Für die Eltern ist es natürlich einfacher, allen Wünschen ihrer Kinder nachzugeben, statt eine Vielzahl von Konflikten durchzustehen. Doch wenn wir unseren Kindern jeden Wunsch erfüllen, dann verwehren wir ihnen, den Unterschied zwischen momentanem Wunsch und existenziellem Bedürfnis kennenzulernen.

Wünsche und Bedürfnisse

Es gibt eine einfache Übung: Gehen Sie für einen Moment in sich und überlegen Sie, was in Ihrem Leben wirklich wichtig und entscheidend war. Welche Momente Ihr Leben positiv verändert haben. Vermutlich werden Ihnen dabei Dinge und Ereignisse einfallen, die Sie sich so nicht gewünscht hätten. Von solchen Erfahrungen lernen wir, ohne es vorher zu wissen, das gilt für Kinder wie für Erwachsene.

Durch Konfrontationen lernen wir uns selbst und die anderen kennen. Kinder lernen, dass es einen Unterschied zwischen Bedürfnissen und Wünschen gibt. Man braucht jeden Tag Nahrung, dafür sind die Eltern zuständig, aber es muss nicht jeden Tag etwas von McDonald's sein. Kein Kind auf der Welt hat ein Bedürfnis nach einem Big Mac, deshalb können wir hierzu problemlos – allerdings nicht konfliktlos – Nein sagen. Natürlich ist auch ein Ja möglich!

Eltern sollten den Unterschied zwischen existenziellen Bedürfnissen und momentanen Wünschen kennen und sich gemäß ihrer eigenen Wertvorstellungen frei entscheiden, wann sie Ja und wann sie Nein sagen.

Erwachsenen ist es möglich, den Zustand der Verliebtheit in Liebe umzuwandeln. Im verliebten Zustand sind wir total ichbezogen, was ja schön ist, aber nicht viel mit Liebe zu tun hat. Jemand zu lieben, bedeutet, den anderen so zu nehmen, wie er ist, ohne die eigene Integrität aufs Spiel zu setzen.

Dieselbe Transformation findet auch statt, wenn unsere Kinder erwachsen werden. Natürlich kann man auch weiterhin auf seiner alten Mutter- oder Vaterrolle beharren, aber daraus entsteht keine erwachsene Beziehung.

Das erwachsene »Nein«

Als ich zum ersten Mal einen Workshop in Italien veranstaltete, wurde ich von vielen jungen Eltern gefragt, ob sie zu ihren eigenen Eltern Nein sagen dürften. Von ihnen allen wurde nämlich erwartet, am Sonntag bei ihren Eltern zu Mittag zu essen, weil diese sich dann geliebt fühlten. Wenn die jungen Familien dankend ablehnten, empfanden die Eltern das als Zurückweisung. Wie kann man also zu seinen eigenen Eltern Nein sagen?

Die Antwort ist relativ einfach: Wenn man erwachsen werden möchte, dann muss man zu seinem Nein stehen, es den Eltern erklären und notfalls den Konflikt austragen. Da Männer in der Regel langsamer erwachsen werden als ihre Partnerinnen, begegne ich vielen Paaren, bei denen es Konflikte zwischen der Frau und der Schwiegermutter gibt und der arme Mann zwischen den Stühlen sitzt und nicht weiß, wie er sich verhalten soll. Bei so einem Konflikt muss er sich entscheiden, wem seine Loyalität gilt, seiner Mutter oder seiner Frau. Wenn er sich für die Mutter entscheidet, dann ist er leider noch nicht richtig erwachsen geworden. Falls er es doch ist, dann könnte er seiner Mutter erklären, dass er lieber mit seiner Partnerin allein sein möchte oder dass es ihm zu viel ist, jeden Sonntag seine Eltern zu besuchen. Auch wenn die Eltern dann jammern – das geht vorüber. Oft macht es ihnen gar nicht so viel aus, die Kinder weniger häufig zu sehen. Schlimmer ist für die Mütter, vor ihren Freundinnen nicht mehr prahlen zu können, wie oft wir sie angerufen oder besucht haben. Nur wenn wir uns regelmäßig melden, fühlen sie sich als gute Mütter.

Meine eigene Mutter hat viele Jahre gebraucht, um zu lernen, mich nur anzurufen, wenn sie etwas zu erzählen hat. Und verstehen kann sie meine Haltung immer noch nicht.

Mit Eltern im Gespräch

Eine Mutter: Sie sagen, dass es okay ist, wenn Großeltern und Eltern unterschiedlicher Meinung sind. Was mache ich aber, wenn wir am Tisch sitzen, meine Tochter nach einem Eis fragt, und ich ihr keines geben will, während meine Mutter im gleichen Atemzug sagt, dass sie eins haben kann?
Jesper Juul: Wo genau liegt das Problem?
Mutter: Dass ich mich in meiner Autorität untergraben fühle und außerdem spüre, dass mich meine Mutter nicht ernst nimmt.
Jesper Juul: Sie kennen ihre Mutter ja schon viele Jahre lang. Ist es nur eine Theorie oder stimmt es, dass Ihre Mutter Sie nicht ernst nimmt?
Mutter: Das ist meine Erkenntnis der letzten Monate.
Jesper Juul: Dann hat es nichts mit dem Kind zu tun, sondern ist ein Thema zwischen Ihnen und Ihrer Mutter. Es wird Zeit, das zu korrigieren.
Mutter: Und wenn sie es nicht versteht?
Jesper Juul: Man kann es nur versuchen. Unsere Eltern sind ja um vieles älter als wir, und oft wollen sie einfach nicht hören, was wir sagen. Die Eltern leben häufig in ihrer eigenen Wirklichkeit und sind damit zufrieden. Das ist zumindest in der Generation meiner Eltern so. Heute haben wir andere Vorstellungen, was die Beziehung zu unseren erwachsenen Kindern angeht, und versuchen, ein eher freundschaftliches Verhältnis zu ihnen aufzubauen. Das glückt manchmal und manchmal nicht. Die Beobachtung, die Sie mit Ihrer Mutter machen, ist dafür ein guter Beweis. Oft reden wir über unsere Kinder, als ob das Elternsein nach 15 bis 18 Jahren vorbei wäre. Was ja nicht der Fall ist. Sie leben ein langes Leben, und wir können unsere Fehler auch später noch korrigieren. Es ist eine neoromanti-

sche Tendenz zu glauben, dass Eltern stets gute Vorbilder für ihre Kinder sein sollen. Wir können ihnen Rollenbeispiele vorleben, aber Kinder lernen mehr von dem, was Eltern nicht können, als von dem, was sie können. Deshalb ist es in Ihrem Fall wahrscheinlich wichtig, dass Sie Ihr Kind ernst nehmen, weil Sie sich von Ihrer eigenen Mutter nicht ernst genommen fühlen. Ich hatte nicht so großartige biologische Eltern und ein paar Ersatzeltern, von denen ich vieles gelernt habe, aber am meisten hat mich das weitergebracht, was ihnen nicht so geglückt ist. Es ist nicht nur das Positive wichtig – alles sind Chancen. Um eine gleichwürdige Beziehung mit unseren Eltern zu erlangen, kann man ihnen erklären, dass man nicht mehr erzogen werden will, sondern ihnen etwas zu sagen hat. Wenn die Mutter das nicht hören will, dann haben wir eine Beziehung, die für mich nicht ganz in Ordnung ist.

Ein Vater: Könnten Sie noch etwas dazu sagen, warum das Weinen für Kinder so wichtig ist, wenn sie Enttäuschungen erleben? Für Eltern ist es ja oft sehr schwer, die Trauer und Enttäuschung ihrer Kinder auszuhalten.
Jesper Juul: Ja, das stimmt. Wenn Eltern das Weinen der Kinder nicht aushalten können, hat das aber nichts mit Liebe, sondern mit Sentimentalität zu tun. Alle Kinder kommen mit einem fantastischen »Mechanismus« auf die Welt, der folgendermaßen funktioniert: Wenn wir etwas unbedingt haben wollen, aber nicht bekommen können, dann gibt es einen Weg, um unser inneres Gleichgewicht wiederherzustellen: das Weinen. Dabei weinen wir auf ganz unterschiedliche Art und Weise. Manche vergießen kaum eine Träne, bei anderen ist es ein Drama in drei Akten. Aber das ist nicht entscheidend, sondern die Tatsache, dass wir nicht traumatisiert werden, wenn wir die Möglichkeit haben zu weinen. Experten sprechen von Trauma-

intervention. Deshalb sollten wir die Fähigkeit zu weinen nicht bekämpfen oder unterdrücken. Sie erfüllt eine wichtige Funktion. Wenn wir das Weinen anderer nicht ertragen, dann sollten wir am besten in ein anderes Zimmer gehen. Wenn sich Kinder zum Beispiel wochenlang einen Hund wünschen und mit den Eltern darüber diskutieren, die Eltern aber schließlich definitiv Nein sagen, dann sind die Kinder furchtbar traurig, enttäuscht und unglücklich. Doch es hilft ihnen, zu weinen und diesen Umstand betrauern zu dürfen. Wenn wir sie immer gleich trösten, kann es kompliziert werden, weil Kinder dann anfangen zu weinen, um etwas zu bekommen, nämlich den Trost ihrer Eltern.

Eine Mutter: Was mache ich denn, wenn meine kleine Tochter kämpft und nach mir schlägt, bevor sie zu weinen anfängt?
Jesper Juul: Da würde ich einfach sagen, dass sie aufhören soll. Ganz kleine Kinder, die sich noch nicht artikulieren können, kämpfen natürlich, was nichts mit Gewalt, sondern mit Frustration zu tun hat.

Andere Mutter: Was kann ich denn tun, wenn mein dreijähriger Sohn beim Abendessen sagt, dass mein Mann und ich nicht so laut reden sollen, sondern nur flüstern. Ich möchte mich aber gerne ganz normal mit meinem Mann unterhalten. Mein Sohn unternimmt dann alles Mögliche, um uns am Reden zu hindern. Ich würde ihn am liebsten rausschicken, was er aber nicht tut, und so eskaliert die Situation immer wieder.
Jesper Juul: Er sagt das und was antworten Sie darauf?
Mutter: Ich sage ihm, dass ich mit Papa reden möchte, und wenn ihn das stört, dann soll er rausgehen.
Jesper Juul: Schreiben Sie sich diese Aussage bitte einmal auf und lesen Sie sie in Ruhe. Dann werden Sie feststellen, dass das

eine sehr unklare Botschaft ist. Da ist eine erwachsene Frau, die sagt, was sie will, aber zugleich ein kleines Mädchen, das an das Verständnis des Kindes appelliert und es dadurch quasi um Erlaubnis fragt. Bei Ihrem Kind hilft vielleicht nur Humor, das heißt, dass Sie bei nächster Gelegenheit die Situation spiegeln und ihm mit einem Lachen zu verstehen geben, dass es ja wohl nicht sein kann, dass ein Dreijähriger hier den Direktor spielt, der meint, alles bestimmen zu können. Auf diese Weise können Sie ihm ganz locker sagen, dass das nicht der Fall ist.

Sie können Ihrem Sohn auch helfen, indem Sie so lange nachfragen, bis er sagen kann, was er wirklich will, worum es ihm wirklich geht. Allerdings sollten wir uns alle davor hüten, kleinen Kindern von Anfang an zu viel Aufmerksamkeit zu schenken, weil sie danach süchtig werden. Meiner Frau und mir ging es beim Essen mit unserem Enkelkind ebenso. Schließlich haben wir verabredet, uns beim Essen zu unterhalten, damit das Kind nicht so im Mittelpunkt steht. Sonst halten Kinder diese ständige Aufmerksamkeit für Liebe und fordern sie vehement ein, weil sie es gewohnt sind, auf dem Thron zu sitzen und für alles bewundert zu werden. Falls die Bewunderung plötzlich aufhört, fordern sie noch mehr davon, denn bei dieser Art von Liebe wird man nie satt und muss deshalb immer mehr davon haben.

Bei meinen Eltern hieß es noch, man solle Kinder sehen, aber nicht hören. Heute praktizieren wir quasi das Gegenteil, aber auch daran müssen wir etwas ändern. Denn Eltern sollen natürlich miteinander reden dürfen, ohne um Erlaubnis fragen zu müssen. Man sollte Kinder nicht lächerlich machen, aber man kann mit Humor darauf reagieren. Die Aufregung ist ansonsten überproportional, denn der Junge ist noch so klein und sollte nicht den Dirigentenstab in der Hand halten.

Andere Mutter: Meine 18-jährige Tochter weigert sich, mit uns über ihre beruflichen Pläne zu sprechen. Sie sagt, dass sie die letzten 18 Jahre gut ohne Eltern zurechtgekommen ist – was natürlich ein Scherz ist – und dass sie nun auch das alleine hinkriegen wird.
Jesper Juul: Das ist ein Teil der Erklärung. Wenn man etwas alleine geschafft hat, heißt das ja nicht automatisch, dass man mit dem anderen nicht darüber reden will. Irgendwas anderes steckt also dahinter. Hat sie früher mit Ihnen gesprochen?
Mutter: Ja. Erst jetzt, kurz vor ihrem Auszug, hat sie keine Lust mehr, mit uns zu reden.
Jesper Juul: Ist einer von Ihnen vielleicht Pädagoge?
Mutter: Ja, wir arbeiten beide im pädagogischen Bereich und haben eine therapeutische Ausbildung.
Jesper Juul: Da liegt vermutlich der Hund begraben. So ergeht es vielen Pädagogen mit ihren eigenen Kindern, obwohl sie daran im Grunde völlig unschuldig sind. Ich nehme an, dass Ihre Tochter ihre Eltern in gewisser Weise als übermächtig empfindet und nun Angst hat, diese könnten alles an sich reißen, wenn sie sich nur auf die kleinste Diskussion einlässt.

Bei einem Projekt hat man einmal eine Reihe von Elfjährigen gebeten, ihre Familien zu beschreiben. Die Kinder wurden mit einer Videokamera aufgenommen und konnten den Film anschließend ihren Eltern und Geschwistern vorspielen. Es waren neun Kinder, und alle neun Elternpaare waren schockiert über die Ergebnisse, obwohl die Kinder weder Kritik äußerten noch Trauer zeigten. Sie agierten eher wie Mini-Soziologen, die wertneutral und nüchtern vom Leben in ihren Familien berichteten. Sämtliche Eltern haben daraufhin unverzüglich große Veränderungen in ihrem Zusammenleben veranlasst. Denn ihnen war bislang nicht klar, wie man als Familienmitglied die Familiensituation empfinden und sehen kann.

Mein eigener Sohn ist gelernter Koch. Ich habe ebenfalls mein Leben lang gerne gekocht, und ab und zu kochen wir für große Veranstaltungen, beispielsweise runde Geburtstage, zusammen. Alle denken, dass wir miteinander große Konflikte haben müssten, da ich ja so mächtig und groß sei und mein Sohn da nicht mithalten könne, aber wir hatten bis jetzt nie Konflikte, da unser Verhältnis sehr ausgeglichen ist. Nur die Frauen unserer Familie stören sich daran, dass wir nicht viel miteinander reden, aber wir arbeiten einfach still zusammen. Ähnlich könnte es auch bei Ihrer Tochter sein. Vielleicht befürchtet sie, dass die Unterhaltung in eine bestimmte Richtung abdriftet, wenn sie mit Ihnen spricht. Sie können sie natürlich fragen, ob es so ist. Ihre Tochter scheint ja weder sauer noch aggressiv zu sein. Jedenfalls sollten Sie bedenken, dass es Kinder nicht immer leicht haben, wenn ihre Eltern rhetorisch beschlagen sind.

Andere Mutter: Wie können wir es regeln, wenn mein Partner möchte, dass unsere dreijährige Tochter mit der Gabel isst, es für mich als Mutter aber okay ist, wenn sie dazu die Finger benutzt. Wie können wir das lösen, da ja einer von uns nachgeben muss?
Jesper Juul: Weshalb ist das schwierig bei Ihnen?
Mutter: Weil ich finde, dass das Kind noch lange genug mit der Gabel essen kann. Mein Freund, der nicht der Vater ist, sieht das eben anders.
Jesper Juul: Wenn er nicht der Vater ist, dann bestimmen natürlich Sie darüber.
Mutter: Aber dann haben wir doch ein Problem.
Jesper Juul: Nein, denn Ihr Freund muss jetzt lernen, dass er auf Ihrer Hitliste die Nr. 2 ist und dass Sie entscheiden, was mit Ihrer Tochter geschieht.

Mutter: Das ist aber schwierig, da wir auch ein gemeinsames Kind haben und es unmöglich ist, beide Kinder unterschiedlich zu erziehen.

Jesper Juul: Ich sagte nur, auf welcher Grundlage Ihre Diskussion stattfinden muss. Dann kann man schauen, ob man einen Kompromiss findet. Vielleicht kann Ihr Partner erklären, weshalb ihm sein Standpunkt so wichtig ist. Das Wichtigste sollte doch sein, was das Kind gerne möchte. In 90 Prozent der Fälle hat dieser Konflikt etwas ganz anderes zu bedeuten, nämlich einen Machtkampf zwischen den Eltern mit den Kindern in der Mitte.

Mutter: Wie kann ich in einer Patchworkfamilie dann so einen Konflikt lösen? Wenn man eine Familie sein und die Kinder auf gleiche Weise erziehen möchte?

Jesper Juul: Das geht aber nicht. Zeichnen Sie doch mal eine Grafik mit den verschiedenen Beziehungen in Ihrer Familie. Zum einen ist da die Liebesbeziehung zwischen Ihnen und Ihrem Freund. Dann gibt es Ihre Beziehungen zu Ihren Kindern. Es muss aber nicht unbedingt eine enge Beziehung zwischen Ihrem älteren Kind und Ihrem Freund geben. Wie alt war Ihre ältere Tochter, als Sie Ihren Freund kennengelernt haben?

Mutter: Sie war eineinhalb Jahre, und nach einem Jahr kam die zweite Tochter.

Jesper Juul: Ihr Freund hat sich noch nicht als Erzieher für die erste Tochter qualifiziert, da das mindestens drei Jahre dauert. Er sollte sich deshalb nicht einmischen. Natürlich kann er seine Meinung sagen und artikulieren, wie er sich die Erziehung seiner eigenen Tochter vorstellt, aber das ist ein Gespräch zwischen zwei Erwachsenen.

Mutter: Mache ich dann nicht einen Unterschied zwischen beiden Kindern?

Jesper Juul: Doch, das tun Sie und das ist wichtig, denn die Kinder spüren, dass es eine Patchworkfamilie ist, und nur wenn Sie das nicht wahrhaben wollen, haben die Kinder wirklich ein Problem. Es ist doch eine Realität, dass Ihr Freund nicht der Vater beider Kinder ist. Was nicht bedeutet, dass das nicht genauso wertvoll oder gut ist. Vielleicht möchte Ihre Tochter mit fünf oder sechs Jahren gerne Papa zu Ihrem Freund sagen. Das würde bedeuten, dass er nun akzeptiert ist.

Kinder müssen zunächst spüren, dass sie vom anderen geliebt werden. Erziehung ist immer Manipulation und kränkt, auch die beste Erziehung kränkt, und das erlaubt man nur Menschen, die einen lieben. Deshalb sagen Kinder ja so oft zu ihrem Stiefvater, dass er nicht ihr richtiger Vater sei, was nichts anderes heißt als: Von dir will ich nicht erzogen werden! Die Stiefväter sind daraufhin natürlich verunsichert, weil sie nicht wissen, was sie sonst tun können, wenn sie nicht die Erzieherrolle innehaben. Denn auch sie haben ja ihre Wertvorstellungen und Ideen. Sie wissen, was sie wollen und was nicht. Deshalb müssen sie lernen, mit einem kleinen Kind wie mit einem anderen Menschen zu reden und ihre Vaterrolle abzulegen. Wenn sie merken, dass diese neue Rolle die bessere ist, wollen sie mit ihrem eigenen Kind ebenso umgehen.

5. Eltern als Leuchttürme

Einführung

Der Leuchtturm ist ein schönes Bild, um zu zeigen, wie elterliche Führung aussehen sollte: Ein Leuchtturm ist eben kein Helikopter, der ständig über den Kindern schwebt, sie auf Schritt und Tritt begleitet und kontrolliert. Ein Leuchtturm ist fest an seinem Standort verankert und sendet regelmäßig Signale (Botschaften) aus, an denen sich die herumschwirrenden Kinder orientieren können. Auch können sie stets zu ihm zurückkehren, um anschließend wieder ihre Welt zu erkunden. Der Schein des Lichts reicht weit, besonders nachts, und bei Nebel kommt ein durchdringendes Horn hinzu. Der Leuchtturm gibt Sicherheit und mutet den Kindern auch Verantwortung zu. Manchmal begeben sie sich weit weg und erleben Abenteuer in der Fremde. Dadurch lernen sie zunehmend, auch mit kritischen Situationen umzugehen. Sie wachsen in ihr Leben hinein. Natürlich ist dies keine Garantie, dass nichts schiefgehen wird. Diese Garantie, die Eltern so gerne hätten, gibt es nirgends. Und wir Eltern müssen – je früher, desto besser – akzeptieren, dass wir unsere Kinder nur sehr bedingt vor den Gefahren des Lebens schützen können.

Neulich habe ich von der Referentin für Sicherheitserziehung einer großen Unfallkasse, die Einrichtungen wie Kinderhorte und Kindergärten versichert, Folgendes gehört: »Die Unfallkassen der Länder plädieren dafür, dass Kinder den Umgang mit Risiken und Gefahrenquellen lernen sollen. (...) Wir sehen unseren Auftrag auch darin, den Erzieherinnen und auch den Eltern mit auf den Weg zu geben, den Kindern Freiraum zu lassen. Denn irgendwann kommt der Punkt, wo nicht immer Erzieher und Eltern da sind (...) und die Kinder dann mit diesem Risiko komplett überfordert sind ...« Diese Haltung hebt sich wohltuend von den ängstlichen Helikopter-Eltern ab, die ihren Kindern nichts zutrauen und glauben, diese durch ständige Überwachung schützen zu können. Das funktioniert nicht. Es geht stattdessen um eine altersgerechte, individuelle Begleitung, denn kein Kind gleicht dem anderen, auch nicht im Umgang mit Risiken.

Kinder wollen ihre Eltern »groß«, nicht gleich! Damit meine ich, dass Kinder Eltern brauchen, die zu ihren Anschauungen stehen und es aushalten können, sich damit nicht immer bei ihrem Kind beliebt zu machen. Es ist für jedes Kind eine gute Übung, sich gegen die Meinung seiner Eltern behaupten zu können und so Widerstandskraft zu tanken. Die wird das Kind im »echten« Leben brauchen. Wir Eltern können sicher sein, dass damit die Liebe zwischen uns und unseren Kindern wächst. Und die jungen Menschen erwerben dadurch die Fähigkeit, sich in einer Welt zurechtzufinden, die ihnen täglich Frustrationen zumutet, um irgendwann selbst ein heller Leuchtturm zu sein.

Kinder brauchen Führung

Kinder benötigen Erwachsene, die bereit sind, Verantwortung zu übernehmen. Müssen Kinder auf diese Führung verzichten, entwickeln sie sich nur schlecht. Anhand zweier Beispiele möchte ich deutlich machen, was Führung in der Familie bedeutet:

Ein Ärztepaar, beide Anfang dreißig, kam einmal mit seiner zweijährigen Tochter zu mir in die Beratung. Beide Eltern sahen sehr müde aus. Der Vater konnte das Problem nicht richtig erklären und forderte mich auf zu raten, wie viele Frühstücksprodukte sie wohl zu Hause hätten. Es waren sechsunddreißig. Die Mutter erläuterte, dass ihre Tochter sehr wählerisch sei und meist genau das Produkt verlange, das gerade fehle. Wenn also Erdbeerjoghurt da sei, würde sie auf Joghurt mit Waldbeeren bestehen und ließe auch nicht mit sich reden.

Viele würden dieses Kind vermutlich als hoffnungslos verwöhnt bezeichnen. Doch meiner Meinung nach hat das nichts mit Verwöhnung zu tun, sondern damit, dass beide Eltern nicht wussten, wie sie mit Konflikten umgehen sollten. Sie kamen beide aus Familien, in denen es zahlreiche Konflikte und Trennungen gab, und vor allem die Frau dachte, sie wäre eine schlechte Mutter und schon so gut wie geschieden, wenn sie sich mit ihrem Mann streiten würde.

Im Gespräch stellte sich heraus, dass in dieser Familie nicht die Eltern die Leuchttürme darstellten, sondern das Kind als Leuchtturm fungierte. Seine Eltern trieben quasi auf offener See, versuchten verzweifelt zu navigieren und erhielten von ihrer Tochter Signale, was sie zu tun hätten. Es handelte sich also um eine Zweieinhalbjährige, die die Macht »übernommen« hatte beziehungsweise dazu gezwungen worden war, da Kinder eigentlich kein Interesse an Macht haben. Sobald es aber ein Vakuum gibt, also einen Mangel in der Familie, springen die Kinder ein und übernehmen. Sie können gar nicht anders als diese Lücke zu besetzen. Diese Problematik tauchte in den skandinavischen Ländern vor circa zwanzig Jahren auf und wird nun auch in Deutschland, Österreich und den südosteuropäischen Ländern aktuell.

Eltern müssen sich in so einer Situation entscheiden, ob sie die Funktion der Leuchttürme in der Familie (wieder) übernehmen wollen. Ob sie bereit sind, die Verantwortung für die Stimmung in der Familie zu tragen oder nicht. Wenn sie diese Verantwortung übernehmen, müssen sie lernen, wie man das tun kann, ohne auf die Disziplinierungsmethoden vergangener Tage – Grenzen setzen, Verbote aussprechen etc. – zurückzugreifen.

Das nächste Beispiel habe ich erlebt, als ich vor einem Supermarkt einen Kaffee trank und beobachtete, wie eine müde wirkende Mutter mit ihrer etwa zweieinhalbjährigen Tochter und sehr vielen Einkaufstüten vorbeikam. Das Kind gab zu verstehen, dass es nicht mehr laufen könne. Daraufhin blieb die Mutter stehen und redete sehr pädagogisch mit ihrer Tochter. Sagte, dass sie es sicher schaffen würde, wenn die Mutter etwas langsamer ginge. Aber die Kleine ließ sich nicht überreden und quengelte einfach immer weiter. Irgendwann sammelte die völlig entnervte Mutter alle sechs Tüten in einer Hand, nahm ihr Kind auf den anderen Arm und schleppte die Einkäufe samt ihrer Tochter zum Auto.

Viele werden sich fragen, wie die Mutter hätte anders handeln können und inwiefern ihr Verhalten die Beziehung zur Tochter negativ beeinflusst. Das Problem besteht darin, dass die Mutter eine defensive Entscheidung traf, und defensives Verhalten innerhalb der Familie ist immer gefährlich. Wenn wir etwas tun, um etwas anderes zu verhindern, geht es schief. Dann müssen wir irgendwann den doppelten Preis dafür zahlen. Wenn ein Paar beispielsweise keine Konflikte haben will und diese konsequent vermeidet, dann mag das ein paar Jahre gut gehen, doch die Explosion, die unweigerlich folgt, wird umso heftiger ausfallen. Für das Verhältnis zwischen Eltern und Kindern gilt das Gleiche.

Die Mutter hätte ihrem Kind zum Beispiel sagen können –

was eine Form der Anerkennung gewesen wäre –, dass sie selbst auch müde sei. Dass sie zusammen etwas trinken könnten und die Tochter die Strecke danach bestimmt schaffen würde. Oder dem Mädchen erklären, dass, wenn es so müde sei, es sich mit ein paar Tüten hinsetzen und auf die Mutter warten könne, die dann das Auto holen würde. Oder sie hätte der Tochter deutlich mitteilen können, dass sie sie nicht tragen will, um danach weiterzugehen. Das Weitergehen muss dann aber auch in die Tat umgesetzt werden und darf nicht nur zum Schein stattfinden. Auf jeden Fall hätte die Mutter ihrem Kind klar sagen sollen, dass sie es nicht tragen will.

Die Problematik beider Fälle besteht darin, dass die Eltern einen Konflikt lösen wollen, obwohl sie so tun, als wäre kein Konflikt vorhanden. Im ersten Beispiel geben die Eltern ihrer Tochter alles, was diese sich wünscht, weil sie ihr nichts abschlagen wollen. Doch diese Eltern kennen den Unterschied zwischen Wünschen und Bedürfnissen nicht. Wenn man einem Kind all seine Wünsche erfüllt, dann befriedigt man mit großer Sicherheit nicht dessen Bedürfnisse, wie zum Beispiel das Grundbedürfnis nach Führung.

Letzteres ist deshalb gefährlich, weil »führungslose« Kinder ihre empathischen Fähigkeiten nicht entwickeln können. Das zeigt sich beispielsweise durch ihr Verhalten im Kindergarten. Sie gehen merkwürdig mit anderen Kindern um und wissen nicht, was Einfühlung ist. Ergebnisse der Hirnforschung lassen darauf schließen, dass die Fähigkeit zur Empathie angeboren ist, sich aber innerhalb der ersten drei Lebensjahre nur dann richtig entwickelt, wenn Kindern die Möglichkeit gegeben wird, Frustrationen zu erleben. Denn das alltägliche Erleben von Frustrationen hat einen großen Lerneffekt. Wenn Eltern jedoch weder den Unterschied zwischen Wünschen und Bedürfnissen noch zwischen Frustration und Unglück kennen, dann ist das für jedes Kind problematisch. Solche Eltern halten jede Unmutsäußerung ihres Kindes für den Ausdruck seines persönlichen Unglücks und sich für schlechte Eltern, weil sie ein vermeintlich unglückliches Kind haben. Es ist dies gewissermaßen eine »Vernachlässigung« auf Business-Class-Niveau, zu der vor allem gebildete Eltern neigen, die sich sehr für ihre Kinder interessieren, diesen viel Zeit widmen, aber keinesfalls autoritär sein wollen. Aber wenn wir unsere Kinder in den ersten Jahren wie kleine Prinzen und Prinzessinnen behandeln, dann kooperieren sie und verhalten sich demzufolge auch wie kleine Prinzen oder Prinzessinnen, was die Erwachsenen natürlich überfordert und frustriert. In manchen Ländern versucht man das Problem mit Geduld zu lösen, in anderen mit Gewalt, indem man die Kinder für ihr Verhalten bestraft. Dieser erzwungene Friede währt bis zur Pubertät, dann schlagen die Jugendlichen zurück.

Welches Ziel soll meine Erziehung haben?

Aber warum, werden sich viele jetzt fragen, können die führungslosen Kinder ihre empathischen Fähigkeiten nicht richtig entwickeln? Warum können sie sich nicht in andere Menschen hineindenken und -fühlen? Weshalb können sie sich nicht vorstellen, was andere empfinden? Es liegt daran, dass sie ihre Eltern nicht als authentische Menschen erleben, sondern nur als Wunscherfüller, die ihren Kindern zugleich signalisieren, keine eigenen Bedürfnisse zu haben. Die einzig und allein von dem Gedanken beseelt sind, ihren Kindern alles recht zu machen. Solche Kinder bekommen den Eindruck, ihre Eltern wären nur dann froh und glücklich, wenn sich diese vollkommen in ihren

Dienst stellen. Manche Eltern sind sogar überzeugt davon, das gerne zu tun. Doch sobald ihre Kinder zwei oder drei Jahre alt sind, bemerken sie, dass Freunde und Verwandte immer seltener zu Besuch kommen, weil es auf Dauer niemand Freude bereitet, wenn die Kinder ständig im Mittelpunkt stehen. Deshalb sollten sich Eltern nicht selbst zu reinen Wunscherfüllern degradieren, sondern als Familienmitglieder aus Fleisch und Blut leben, mit eigenen Grenzen und Bedürfnissen, mit all ihrer Rationalität, Irrationalität, Liebe und Aggression, kurzum als wahrhaftige Menschen mit allem Drum und Dran und nicht als Laiendarsteller, die das Paradies nachspielen.

Doch zunächst muss man sich entscheiden, welche Ziele man mit seiner Erziehung verfolgt und wie die Situation in zwanzig Jahren aussehen soll. Es lohnt sich für Eltern sehr, sich frühzeitig darüber Gedanken zu machen und miteinander zu reden. Man muss sich nicht in allem einig sein, aber man sollte sich darüber austauschen.

Ganz gleich, welche Ziele wir verfolgen, haben die meisten von uns immer noch eine falsche Vorstellung von dem, was wir gemeinhin Erziehung nennen. Ich habe ja bereits ausgeführt, dass Erziehung meist nicht dann passiert, wenn wir »aktiv« erziehen. Diese bewusste Erziehung macht auf Kinder keinen großen Eindruck, zumindest keinen guten. Was sie vielmehr erzieht, ist das, was wir ihnen im Alltag vorleben. Ein Beispiel: Wenn die Kinder von ihren berufstätigen Eltern aus dem Kindergarten abgeholt werden, haben sie so sehr verinnerlicht, dass sie den ganzen Tag von den Erwachsenen stimuliert werden, dass sie das auch von ihren Eltern erwarten. Und wenn die Eltern dasselbe glauben, weil sie sich sonst für schlechte Eltern halten, dann sind Kinder und Eltern am Abend vollkommen überreizt und erledigt. Was die Kinder aber nach einem Tag im Kindergarten wirklich brauchen, ist etwas ganz anderes. In der

Einrichtung lernen sie, mit anderen Kindern auszukommen, in der Gruppe zu spielen und Kreativität zu entwickeln. Sie lernen dort jedoch nicht, wie es ist, als Erwachsene zu leben. Das können sie nur von ihren Eltern lernen, was aber voraussetzt, dass diese sich wie Erwachsene verhalten und nicht wie Kinderbetreuer. Sie sollten sich also einfach ihren alltäglichen Tätigkeiten widmen: Suppe kochen, Rosen schneiden, ein Nickerchen machen etc., ohne irgendein Kinderprogramm abzuspulen. Dieses Vorbild ihrer Eltern brauchen Kinder dringend. Bei ihren Großeltern erleben sie oft einen solchen Alltag, und es geht ihnen sehr gut damit. Eltern, die argumentieren, dass ihre Kinder Unterhaltung und Zerstreuung selbst einfordern würden, sollten sich fragen, wer denn die Tagesordnung festsetzt in der Familie, die Kinder oder die Erwachsenen? Es ist wunderbar, Kinder wahrzunehmen und sie mit einzubeziehen, aber man sollte ihnen nicht die Macht übertragen, da sie damit vollkommen überfordert sind.

Überstimulierte Kinder fragen ihre Eltern oft gelangweilt, was sie tun sollen. Und die Eltern machen daraufhin unendlich viele Vorschläge, die in der Regel alle abgelehnt werden. Konstruktiver wäre es, die Kinder zu ermutigen, sich selbst etwas einfallen zu lassen, ergänzt durch das Versprechen, in einer halben Stunde wieder nach ihnen zu schauen und nachzufragen, was ihnen eingefallen ist. Denn es dauert in der Regel zehn bis zwanzig Minuten, bis überstimulierte, rastlose Menschen ihre eigene Kreativität wiederentdecken. Man kann im Kindergarten acht Stunden lang malen oder basteln und alles Mögliche tun, doch im Grunde sind das nur Beschäftigungen. Die eigentliche schöpferische Kreativität entwickelt sich erst dann, wenn ich das ausdrücken kann, was in meinem Inneren vor sich geht. Wenn ich – ohne erneute Ablenkung – Rastlosigkeit und Langeweile überwinde. Eltern tun gut daran, ihre Kinder genau darin zu bestärken: die eigene Langeweile zu erleben, sie zu überwinden und dadurch die eigene Kreativität zu entdecken.

> *Kinder brauchen eigentlich keine Erziehung,*
> *sondern freundliche Begleitung.*

Wenn ein Kind eineinhalb bis zwei Jahre alt ist, möchte es vieles gern allein ausprobieren. Dann kann man beispielsweise zu ihm sagen, dass die große Treppe noch ein bisschen zu gefährlich ist. Dass man deshalb mitgeht und aufpasst. Wenn man dem Kind die Treppe hingegen verbietet, weil sie zu gefährlich sei, dann würde jedes gesunde Kind genau das unbedingt ausprobieren wollen.

Die Leuchtturmfunktion der Eltern können wir uns in etwa so vorstellen: Die Kinder befinden sich in einem kleinen Boot auf offener See, ohne zu wissen, wie sie navigieren sollen. Deshalb brauchen sie jemanden an der Küste, der ihnen sagt, was zu tun ist. Es gibt Situationen, in denen die Kinder alleine zurechtkommen, aber das ist eher selten der Fall. In aller Regel brauchen sie unsere Wertvorstellungen und Prinzipien, unsere Präsenz und Klarheit, um Orientierung zu finden. Mögen wir auch zum Zeitpunkt, zu dem wir unsere Kinder bekommen, selbst noch nicht viel Erfahrung und Autorität besitzen, so haben wir dennoch mehr Lebenserfahrung als unsere Kinder und müssen den Austausch mit ihnen initiieren.

Wie elterliche Führung funktioniert

Es gibt einen dänischen Buchtitel, der *Hier bin ich, wo bist du?* lautet. Das drückt sehr gut aus, worauf es beim Eltern-Kind-Dialog ankommt. Der Erwachsene sollte stets deutlich zeigen, wo er sich befindet, wie seine eigene Position ist, und diese auch unmissverständlich zum Ausdruck bringen. Etwa folgendermaßen: »Heute, am Samstag, würde ich sehr gern wandern gehen. Wer hat Lust mitzukommen?« Das ist zumindest sehr viel klarer und animiert auch eher zum Mitmachen als »Hat vielleicht irgendjemand Lust, was Bestimmtes zu tun?« Solche Wischiwaschi-Formulierungen kann man sich im Grunde sparen.

Mein eigener Sohn hat mir einst beigebracht, was geschieht, wenn Eltern allzu zögerlich reagieren. Er war damals etwa zehn Jahre alt, interessierte sich sehr für Schlangen und wollte sich eine Python anschaffen. Also fragte er, ob das für uns in Ordnung wäre. Seine Mutter, deren Vater Tierarzt war, hatte nichts dagegen. Ich habe zwar eine Schlangenphobie, wusste aber, dass es für ihn wichtig war. Ich versprach ihm, mir die Sache durch den Kopf gehen zu lassen und ihm in ein paar Tagen Bescheid zu geben. Als ich einige Tage später nach Hause kam, fand ich ihn in der Garage vor, wo er damit begonnen hatte, ein Terrarium zu bauen. Als ich ihn darauf hinwies, dass wir noch nicht abschließend über die Anschaffung der Schlange gesprochen hätten, entgegnete er, dass er das wisse, aber in der Zwischenzeit ja schon mal ein Terrarium bauen könne, was für mich eine wertvolle Lektion war, mich das nächste Mal klarer auszudrücken.

Das größte Problem, das Kinder sogenannter gebildeter Eltern haben, ist das Übermaß an bewusster Erziehung, das ihnen zuteilwird. Denn solche Eltern überwachen ihre Kinder mit Argusaugen, korrigieren sie ständig und haben viel zu hohe Erwartungen an sie. Sie verlangen Vierjährigen Dinge ab, als wären diese bereits acht Jahre alt. Die Gehirnforschung zeigt, dass Kinder unter sieben Jahren, von denen man eine Entschuldigung hören will, überhaupt keine Ahnung haben, was das zu bedeuten hat. Sie können dieses Wort mit keinem bestimmten Gefühl in Verbindung bringen, weil sie das erst sehr viel später lernen. Also sagen die Kleinen zwar brav ihre Entschuldigung auf, weil es die Eltern von ihnen verlangen, doch eigentlich sind es nichts als leere Worte.

Elterliche Führung ist etwas ganz anderes. Der Psychoanalytiker Arno Gruen nennt dazu ein schönes Beispiel: Ein Junge hat eine Scheibe Brot und seine Schwester möchte davon etwas abhaben. Der Junge weiß nicht, was er tun soll, und ruft nach seiner Mutter. Diese nimmt ihm die Scheibe aus der Hand, bricht sie in der Mitte durch und gibt sie ihm zurück. Dann geht sie ohne eine Erklärung wieder weg. Der Junge schaut die beiden Hälften an, überlegt einen Moment und gibt die eine Hälfte seiner Schwester.

Dabei hat er etwas Wesentliches gelernt – viel mehr, als wenn seine Mutter mit ihm gesprochen und ihm alles erklärt hätte, denn in diesem Fall hätte er nur gehandelt, um seine Mutter zu beruhigen. Weil Kinder immer kooperieren und ihre Eltern zufriedenstellen möchten, können wir tatsächlich zu viel erziehen. Wenn wir permanent ihr Verhalten korrigieren, ihnen Vorträge halten etc., dann geben wir ihnen durch unser Verhalten zu verstehen, dass wir ihnen nicht vertrauen. Meine Mutter hat das offen ausgesprochen, indem sie darauf bestand, dass ich nur durch ihren Einfluss ein guter Mensch geworden sei. Heutzutage würden das wohl nur noch wenige Eltern so formulieren, doch die ständige aktive Einflussnahme auf unsere Kinder vermittelt ihnen dieselbe Botschaft.

*Das ständige »Herumerziehen« an unseren Kindern
ist eine Misstrauenserklärung.*

Ich habe einmal einen ganzen Tag lang alle Gespräche, die etwa 25 Elternpaare mit ihren Kindern führten, aufgenommen. Danach haben wir uns die Tonaufzeichnungen gemeinsam angehört und festgestellt, dass wir die Hälfte dessen, was wir zu unseren Kindern sagen, gar nicht so meinen. Damit verschwenden wir gewissermaßen 50 Prozent unserer Energie, statt sie sinnvoller zu verwenden. Ungefähr 20 Prozent benutzen wir für Sätze, die wir eigentlich nie sagen wollten, weil wir sie schon von unseren Eltern gehört haben. Wirklich zufrieden mit unseren Äußerungen sind wir nur zu etwa 18 Prozent, was doch eine erschreckend geringe Quote ist.

Betritt ein Kind den Raum, können Mütter meist nicht an sich halten und müssen unbedingt etwas sagen – sie wollen sich so gern nützlich machen und ihrem Kind etwas Gutes tun, doch wenn sie zu reden beginnen, befinden sie sich zwangsläufig selbst im Zentrum der Aufmerksamkeit und tun im Grunde nur sich selbst einen Gefallen.

Wenn Kinder zehn bis zwölf Jahre alt sind, hat sich unsere herkömmliche Art der Erziehung allmählich sowieso erledigt; dann brauchen uns die jungen Menschen vor allem als eine Art Sparringspartner. Der Begriff des Sparringspartners stammt aus der Welt des Boxens und beschreibt einen Trainingspartner, der dem Boxer einen maximalen qualifizierten Widerstand entgegensetzt, ohne ihm Schaden zuzufügen. Eltern erreichen dies am ehesten, indem sie ihre eigenen Meinungen und Überzeugungen klar zum Ausdruck bringen, ohne jedoch zu erwarten, dass ihre Kinder diese teilen. Unsere »besserwisserische« Art der Erziehung, wie sie recht kleine Kinder brauchen, benötigen Kinder und Jugendliche in der Pubertät nicht im Geringsten. Sie sind jedoch weiterhin auf unsere Erfahrung und Führung angewiesen, also darauf, dass wir die Verantwortung für unsere Beziehung übernehmen. Wenn etwas schiefläuft, liegt es in unserer Verantwortung, das Thema anzusprechen und gemeinsam mit den Kindern nach den Gründen zu suchen. Indem wir gemeinsam versuchen, die Situation zu ändern, statt unsere Kinder korrigieren zu wollen, werden wir unserer elterlichen Verantwortung gerecht.

Persönliche Autorität und persönliche Sprache

Viele Eltern sind heutzutage so sehr darum bemüht, in der Kindererziehung alles richtig zu machen, dass sie einen Ratgeber nach dem anderen lesen und am Ende gar nicht mehr wissen, wo ihnen der Kopf steht. Meiner Meinung nach ist die ganze Sache weitaus weniger kompliziert, als uns viele Experten glauben machen. Kinder schlafen, essen und trinken von Natur aus gerne, eigentlich braucht man kein großes Gewese darum zu machen. Dennoch werden manche Eltern nach wie vor von der Frage verunsichert, wie lange man ein Kind stillen solle. Viele Mütter fragen sich, ob die »Symbiose« nicht irgendwann zu groß und das Kind abhängig werde. Auf diese Weise werden viele natürliche Vorgänge zu großen Problemen gemacht. Dabei kann niemand pauschal beantworten, was für die jeweilige Familie das Beste ist. Wenn ich mein Kind zwei Jahre lang stillen möchte, dann kann ich das doch tun. Möglicherweise muss man sich die eine oder andere Bemerkung anhören, aber damit kann man leben. Desgleichen, wenn ich mein Kind bereits nach drei Monaten abstille oder ihm von Anfang an ein Fläschchen gebe.

> *Überall auf der Welt gibt es Familien, die glänzend ohne Expertenwissen und Erziehungsratgeber zurechtkommen.*

Man sollte sich vor Augen führen, dass Millionen von Kindern existieren, die auch so überleben, ja, sogar glücklich und zufrieden sind. Kinder brauchen nicht das Gefühl, dass wir uns an ihnen abarbeiten – sie brauchen vielmehr das Gefühl, dass wir sie genießen, und zwar mindestens für eineinhalb Stunden am Tag. Man kann zu seinem Kind sagen, dass man den ganzen Tag gestresst war und man es nun am liebsten nur genießen möchte. Andernfalls denken die Kinder, dass sie die Ursache für unseren Stress sind. Kinder müssen erleben, dass wir langsam mit ihnen vorangehen, mit ihnen gemeinsam lernen – womit ich nicht die Hausaufgaben meine – und sie genießen. Manchmal kann und muss man natürlich auch sagen, dass sie etwas Bestimmtes tun sollen.

Und wenn einem das Familienleben einmal zu viel wird, dann sollte man offen und ehrlich sagen, dass man von den anderen für den Rest des Tages in Ruhe gelassen werden möchte.

Wenn so etwas nicht möglich ist, wird es schwierig. Es gab Zeiten, in denen ich nichts lieber gewollt hätte, als allein zu essen, den Abend ohne Gesellschaft zu verbringen und früh schlafen zu gehen. Doch war ich davon überzeugt, dass man seinen Liebsten so etwas nicht unverblümt mitteilen dürfe, also habe ich eine Zeit lang alles in mich hineingefressen. Erst als mein Sohn mich wiederholt fragte, ob ich sauer wäre, sagte ich schließlich offen heraus, dass ich derzeit lieber ohne Familie leben würde. Überraschenderweise reagierten er und meine Frau darauf sehr gelassen und fragten, ob das alles sei. Solche Gefühle erlebt jeder einmal, deshalb ist es umso wichtiger, sie in einer authentischen, persönlichen Sprache zum Ausdruck zu bringen.

Zu dieser Sprache gehört unbedingt die Ich-Form, und ich kann allen Eltern nur dringend davon abraten, von sich selbst in der dritten Person zu sprechen, zum Beispiel: »Mama möchte jetzt, dass du schlafen gehst. Möchtest du das?« Wenn wir das tun, reden wir nicht von Mensch zu Mensch miteinander, sondern sind Teil eines künstlichen Rollenspiels, das es allen unmöglich macht, echten Kontakt zueinander aufzubauen. Warum fragt man sein Kind nicht einfach, ob es ins Bett wolle? Wenn es das nicht möchte, kann man ja entgegnen, dass es später Bescheid sagen soll, wenn es müde ist. Oder man sagt zu seinem Kind, dass es jetzt trotzdem ins Bett gehen muss, weil man selbst Zeit für den Partner oder für etwas anderes braucht.

Im Prinzip sollten wir mit Kindern nicht anders reden als mit Erwachsenen, sie genauso ernst nehmen und mit ihnen auf Augenhöhe kommunizieren. Denn Kinder erlernen die Sprache hauptsächlich von ihren Eltern, doch wenn diese ihr Elternsein nur spielen und eine Kunstsprache verwenden, dann spielen die Kinder, die stets kooperieren, das Kindsein, und die ganze Situation wird unerträglich. Kinder haben ein instinktives Gespür für die Abwesenheit von Gefühlen und die Unehrlichkeit, die hinter dieser kinderfreundlichen Fassade stecken. Und wenn wir unser Kind über den grünen Klee loben und so tun, als wäre es das einzige Wunderkind auf der Welt, dann weiß das Kind ebenfalls, dass das nicht stimmt. Auch wenn ein Kind erst wenige Monate alt ist, ist es von größter Wichtigkeit, es als Wesen ernst zu nehmen. Die Belohnung, die man später dafür erhält, ist enorm, denn diese Kinder sprechen irgendwann wie richtige Menschen und nicht wie Babys. Dasselbe gilt für unser Verhalten in Konfliktsituationen und Krisen. Wenn beispielsweise der Großvater stirbt, sollten wir unseren Kindern gegenüber nicht pseudopädagogisch, sondern so real und lebensnah wie möglich sprechen.

Durch Kinder erwachsen werden

Die Führungsrolle in der Familie wahrzunehmen, ist für Eltern eine ausgezeichnete Möglichkeit, erwachsen zu werden. Die meisten Menschen sind zu dem Zeitpunkt, wenn sie Eltern werden, ja noch nicht wirklich erwachsen. Kinder helfen uns sehr, diesen Prozess abzuschließen. Voraussetzung dafür ist jedoch, dass wir wissen, was einen guten Erwachsenen ausmacht, damit die Kinder lernen können, was es heißt, ein erwachsener Mensch zu sein. Was etwas ganz anderes ist als eine gute Erzieherin oder Betreuungsperson, denn diese Menschen sind professionelle Pädagogen, die unsere Führungsrolle weder übernehmen noch ersetzen können.

Mit Eltern im Gespräch

Ein Vater: Wie schwer wiegt es, wenn wir die Integrität von Kindern verletzen?
Jesper Juul: Das hängt ganz wesentlich davon ab, inwieweit der Erwachsene hinterher die Verantwortung für sein Handeln übernimmt. Körperliche oder verbale Kränkungen schaden ja nicht an sich, wenn der Erwachsene hinterher eingesteht, dass er einen Fehler gemacht hat. Doch die Verletzung bleibt umso länger – körperlich und psychisch – bei Kindern hängen, je mehr sie sich schuldig fühlen. In den 1970er-Jahren habe ich lange mit alleinerziehenden Müttern gearbeitet, die wechselnde Partner hatten und oft Opfer von sexueller oder anderer Gewalt geworden waren. Manche kamen mit einem blauen Auge zu unseren Treffen, erklärten aber sofort, dass sie selber schuld seien. Die Einstellung, dass Opfer von Gewalt selbst

schuld seien, war damals weit verbreitet. Inzwischen hat sich dies glücklicherweise geändert. Wir wissen mittlerweile, dass schon Zweieinhalbjährige ein Gefühl dafür haben, wenn wir an unsere Grenzen stoßen und nicht mehr wissen, was zu tun ist.

Ich selbst habe die Integrität meines Sohnes in den ersten Jahren häufig verletzt. Ich habe mich wirklich wie ein Kind benommen, doch ich habe von ihm gelernt, und so wurde es langsam besser. Als zu meinem 60. Geburtstag ein Zeitungsporträt über mich erscheinen sollte, wurde mein Sohn von Journalisten darauf angesprochen, dass ich nach eigener Aussage in den ersten Jahren ein schlechter Vater gewesen sei. Darauf sagte er, dass er sich daran nicht mehr erinnern könne, also auch nicht wisse, ob es ihm geschadet hätte. Einen Schaden richtet man aber definitiv an, wenn man gewalttätig und für Kinder unberechenbar wird.

Abgesehen davon sollten wir unser Augenmerk vor allem darauf richten, ob unser Verhalten der *Beziehung* zu unserem Kind schadet. Deshalb ist es eine gute Idee, ein paar Tage, nachdem man die Integrität eines Kindes gekränkt hat, das Gespräch mit ihm zu suchen. Auch kleinen Kindern kann man erklären, wie es zu der Situation gekommen ist und was man als Erwachsener daraus gelernt habe. Damit ist das Thema endgültig erledigt und die Beziehung kommt wieder in Ordnung.

Eine Mutter: Mein Sohn will seine Langeweile mit Computerspielen bekämpfen, was ich für keine gute Idee halte. Er beschwert sich, dass ich wieder nicht zufrieden bin, obwohl er sich selbst etwas gegen die Langeweile hat einfallen lassen.
Jesper Juul: Ihre Verhaltensweise entspricht einer alten weiblichen Tradition. Ich habe lange als Kellner in einem Restaurant gearbeitet und unzählige Paare dabei beobachtet, wie sie das

Lokal betraten. Oft fragte die Frau ihren Partner, wo man denn sitzen solle, und sobald er einen Platz ausgesucht hatte, sagte sie, dass sie lieber woanders sitzen möchte. In Ihrem Fall passiert dasselbe. Das Kind soll selbst denken und sich frei entscheiden, aber die Mutter denkt mit, um die Entscheidung ihres Kindes zu kontrollieren und gegebenenfalls zu korrigieren. Damit sendet man eine doppelte Botschaft aus: Du kannst frei wählen, aber nur zu meinen Bedingungen. Wenn das Kind wirklich frei entscheiden könnte, wäre es frei.

Heutzutage beschäftigen sich alle Jungs ab einem gewissen Alter gerne mit ihrem Computer. In Deutschland gibt es dazu eine ganz eigene Sichtweise. Die meisten Erwachsenen verbringen den ganzen Tag mit Medien und vor dem Computer und tragen ja auch keinen Schaden davon, aber die Kinder sollen das nicht tun. Mit dem Taschengeld ist es das Gleiche. Eltern sollten sich überlegen, ob das Taschengeld ihrem Kind gehört oder immer noch den Erwachsenen.

Was die Langeweile betrifft, könnten Sie Ihren Sohn natürlich unter drei Beschäftigungsmöglichkeiten wählen lassen oder ihm sagen, dass er alles machen kann außer Computerspielen. Doch eigentlich sind solche Einschränkungen nicht akzeptabel. Da würde ich mich als Kind auch beschweren und die Mutter fragen, ob sie sich nicht vorher entscheiden kann.

Wir sollten uns immer vor Augen führen, dass wir maximal zehn Jahre haben, in denen wir Entscheidungen für unsere Kinder treffen. Danach müssen sie unendlich viele Entscheidungen selbst treffen. Vielleicht lassen Sie Ihren Sohn am Computer spielen und fragen ihn hinterher, wie es war und wie es ihm geht. Sie könnten ihm von ihrer Sorge erzählen, dass diese Beschäftigung ihm nicht guttue, obwohl es ja so aussieht, als würde er es genießen. Man kann ihn ja fragen, wie man sich seiner Meinung nach verhalten soll.

Bis jetzt gibt es noch keine Erkenntnisse und Antworten darauf, ob Computerspiele oder die Beschäftigung mit dem Computer an sich wirklich gefährlich sind. Man weiß nicht einmal, wie es sich in verschiedenen Altersstufen auswirkt, wenn man die ganze Nacht durchspielt. Weltweit gibt es darauf noch keine Antworten. Man kann nur sagen, wie man die Sache selbst einschätzt, und jedem steht es vollkommen frei, sie so zu regeln, wie man es für richtig hält. Doch wenn man ständig über dieses Thema streitet, dann entsteht ein Konflikt.

In jedem Fall sollte man sich darüber freuen, dass Kinder heute nicht mehr gezwungen sind, ein Doppelleben zu führen. In vergangenen Tagen gab es so vieles, das man vor den Eltern geheim halten musste. Und Eltern hatten ja schon immer jede Menge Ängste. Vor über hundert Jahren hatten Eltern Angst, dass es ihre Kinder krank macht, wenn sie Radio hören. Die Zeitungen veröffentlichten zu diesem Thema viele Artikel. Und jedes Jahr kommen neue »Gefahren« dazu. Doch sind die Dinge in der Regel nicht an sich gefährlich, sondern nur für Menschen, die kein stabiles Selbstwertgefühl haben. Für knapp zehn Prozent der Kinder ist nahezu alles gefährlich – Alkohol, Sex etc. –, sie werden von allem abhängig und natürlich kann das auch mit dem Medienkonsum passieren. Doch so war es schon immer. Innerhalb der Familie kann man entscheiden, wie man möchte. Und dann muss man schauen, ob die Kinder das mitmachen oder nicht. Wenn Kinder das, was die Eltern vorgeben, nicht mitmachen wollen, dann müssen diese für ihre Überzeugungen einstehen. Mehr können sie nicht tun.

Ich möchte Ihnen von einer mir bekannten Familie erzählen: Beide Eltern sind sehr verantwortungsbewusst und engagiert. Sie unternehmen mit ihren Kindern viele Ausflüge in die Natur. Ihr zwölfjähriger Sohn ist sehr an Computern interessiert. Die Eltern seines besten Freundes sind in dieser Hinsicht freigiebig und lassen ihren Sohn am Computer spielen, wann immer er möchte, während es bei ihm klare Regeln und Verbote gibt, was die Zeit am Computer angeht. Als der Zwölfjährige von seinem Freund nach Hause kam und müde aussah, fragte ihn der Vater, was sie den Nachmittag über gemacht hatten. Der Junge gab zu, dass sie viel am Computer gespielt hätten, verschwieg jedoch, dass auch ein verbotenes Spiel dabei war. Seine Mutter ahnte, dass er nicht die volle Wahrheit gesagt hatte, und nahm deswegen Kontakt mit mir auf, weil sie nicht wusste, wie sie sich verhalten sollte.

Ich sagte ihr, dass sie sich grundsätzlich entscheiden müsse, ob sie eine intakte Beziehung zu ihrem Sohn behalten wolle oder ob sie möchte, dass er lügen muss. Denn es gibt nur diese beiden Möglichkeiten. Ein Zwölfjähriger kann nicht nur nach den Normen und Regeln seiner Eltern leben, er muss verschiedene Dinge ausprobieren. Bisher hat er noch keine einzige Nacht am Computer durchgespielt und darauf vertraut, was seine Eltern sagen, aber irgendwann muss er prüfen, ob sie recht haben. Er muss sich ein eigenes Urteil bilden. Und wenn es so weit ist, gibt es nur zwei Möglichkeiten: Entweder können die Eltern dies akzeptieren, oder er muss lügen, um seine Integrität zu retten. Kinder lügen nur deshalb, weil sie meinen, dass ihre Familie mit der Wahrheit nicht umgehen kann. Dieses Lügen ist ein systemisches, kein moralisches Phänomen.

Mutter: Wie geht die Geschichte jetzt weiter? Ich bin nämlich auch so eine Mutter, die eine klare Position gegenüber Computerspielen hat. Mein Sohn hat also jetzt bei seinem Freund sechs Stunden lang am Computer gespielt. Ich möchte aber nicht, dass er das zukünftig jedes Mal so macht. Wie gehe ich damit um? Der Junge ist elf Jahre alt, und ich möchte nicht, dass er seine Kindheit vor dem Computer verbringt.

Jesper Juul: Ich gebe Ihnen jetzt erst mal ein Bild, und dann beantworte ich Ihre Frage.

Eine Familie hat ein neues Auto. Die Ehefrau hat gerade den Führerschein gemacht und soll nun mit diesem Auto fahren. Ihr Mann sitzt daneben und macht sich ständig Sorgen um das Auto, allerdings nicht um seine Frau.

Ich meine damit, dass sich die Eltern vor allem um die Beziehung zu ihrem Sohn Sorgen machen sollten, statt zu fürchten, er könne zu viel Zeit am Computer verbringen. Sie sind eine starke Persönlichkeit mit klaren Vorstellungen. Ihr Sohn kennt Sie und weiß, dass man Sie nicht manipulieren kann. Wenn er in den nächsten zwei bis vier Jahren Ihre Regeln befolgt, dann ist alles wunderbar und richtig. Wenn nicht, dann war es nicht richtig, denn wenn ein Kind sich das erkämpfen will, was seine Eltern nicht wollen, ist das enorm kraftraubend. Es verlangt den Kindern unheimlich viel Energie, Kraft und Mut ab, wenngleich wir Erwachsenen glauben, sie wären faul oder wählten den Weg des geringsten Widerstands.

Es gibt für alle Eltern eine Zeit, in der sie sich entscheiden müssen, wie viel Macht sie haben *wollen* und wie viel Macht sie haben *können*. Das richtige Feedback bekommen sie erst, wenn die eigenen Kinder Eltern werden. Erst dann können sie sehen, was sie ihnen mit auf den Weg gegeben haben. Vorher sehen sie es nicht.

Ich hatte mit meinem Sohn damals das Glück, dass wir auf dem Land wohnten und seine Freunde in der Stadt. Alles, was er in der Stadt gemacht hat, bekamen wir gar nicht mit.

Jeder kann Regeln und Grenzen formulieren, das ist keine Kunst. Die Kunst besteht darin, sich klug zu verhalten, wenn Kinder diese Regeln brechen oder die Grenzen nicht respektieren. Das ist Führung, alles andere ist nur Bürokratie.

Andere Mutter: Was mache ich, wenn meine Kinder die Regeln nicht akzeptieren und es ständig Streit gibt, was sehr anstrengend ist?

Jesper Juul: Das ist eigentlich kein Problem, denn Menschen streiten sich nun mal. Wenn verschiedene Bedürfnisse und Träume aufeinanderprallen, gibt es eben Streit. Ein Problem entsteht erst dann, wenn die Eltern ihre Macht missbrauchen und ihr Kind abqualifizieren, statt es gleichwürdig zu behandeln. Jeder hat seine Meinung, der Jugendliche genauso wie der Erwachsene. Einem Elfjährigen braucht man eigentlich nur einmal zu sagen, dass man gegen etwas ist. Je öfter man es wiederholt, desto schlechter steht es um die Beziehung. Denn dann muss der Elfjährige denken, dass seine Eltern ihn nicht nur für ungezogen, sondern auch noch für begriffsstutzig halten.

Andere Mutter: Mit meinem sieben Monate alten Sohn gibt es bereits Konflikte. Er möchte, dass ich mich mit ihm beschäftige, doch wenn ich ihm erkläre, dass es jetzt nicht geht, weil ich zum Beispiel gerade kochen muss, ist er trotzdem unzufrieden. Ich kann es ihm ja noch nicht so klarmachen wie einem größeren Kind. Er nörgelt dann, schlägt mit der Rassel herum und stößt seine Fersen auf den Boden, sodass es unerträglich laut wird und ich es nicht mehr aushalten kann. Manchmal trage ich ihn auf dem Rücken, doch wenn das nicht geht, zieht er seine Show ab, bis ich total genervt bin und nicht mehr weiß, was ich machen soll. Soll ich einfach die Herdplatten ausschalten und mich um das Kind kümmern oder was kann ich tun?

Jesper Juul: Das Ganze hört sich für mich so an, als würde Ihre Beziehung bereits auf einer falschen Basis stehen. Einem sieben Monate alten Kind kann man nicht dasselbe sagen wie einem Siebenjährigen. Dem kann man erklären, dass man gerade nicht spielen kann, weil man kochen möchte. Dann kann man ihn fragen, ob es okay ist, wenn man schnell etwas kocht und danach zusammen spielt. Aber bei einem sieben Monate alten Kind ist das vollkommen unmöglich.

Mutter: Ich soll also immer das machen, was das Kind möchte?

Jesper Juul: Nein. Deshalb habe ich ja von einer falschen Basis gesprochen. Und niemand kann gewinnen, wenn Sie das Ganze als Machtkampf betrachten. Einen Machtkampf sollte es keinesfalls geben. Familie macht keinen Sinn, wenn man seine Familienideen nicht flexibel umbauen und den Gegebenheiten anpassen kann. Sie haben ein starkes Kind, es könnte aber ebenso gut ein krankes Kind sein, und dann müssten Sie immer für es da sein. Ihr Sohn ist, wie er ist. Ich würde ihm vielleicht sagen, dass ich weiß, dass er jetzt spielen möchte, dass ich selbst aber kochen will. Dann würde ich mich einfach umdrehen und weggehen. Natürlich wird ihr Sohn dann laut werden. Aber die meisten Kinder beruhigen sich nach etwa 45 Sekunden, wenn man sie in Ruhe lässt.

Mutter: Wenn es nur 45 Sekunden wären, wäre ich nicht genervt.

Jesper Juul: Haben Sie es schon mal so lange ausgehalten?

Mutter: Ja, auch länger. Meistens nehme ich ihn dann auf den Rücken, damit er abgelenkt ist.

Jesper Juul: Das wird auch in den nächsten sieben Monaten so sein, denn er braucht seine Eltern. Aber ich höre heraus, dass Sie es nicht so gerne machen.

Mutter: Doch schon, aber es gibt Situationen, in denen es mir einfach nicht möglich ist, mich so um ihn zu kümmern, wie er das möchte.

Jesper Juul: Sie können sich selbst die Frage stellen: Wie kann ich einen Kooperationsmodus finden, wenn ich mit ihm zusammen bin? Sie sagen ja selbst, dass Sie manchmal keine Lust haben, und das Kind weiß das auch, aber es kann in dem Alter noch nicht zu sich selbst sagen: »Okay, die Mama hat keine Lust, dann lasse ich sie in Ruhe.« Das kann ein Siebenjähriger machen. Ein sieben Monate altes Kind denkt nur: »Katastrophe, Katastrophe, ich will meine Mama haben. Meine Mama will mich nicht haben. Ich glaube, ich sterbe.« Aber es kommt mehr darauf an, dass die Erwachsenen sich darüber klar werden, warum sie etwas machen, was ihr Motiv ist. Machtkämpfe sind hingegen gefährlich und unnötig.

Literatur- und DVD-Hinweise

Bücher von Jesper Juul

Aggression. Fischer 2014
Aus Erziehung wird Beziehung, hrsg. von Ingeborg Szöllösi. Herder 2005
Aus Stiefeltern werden Bonus-Eltern. Kösel 2011
Das Familienhaus. Kösel 2012
Dein kompetentes Kind. Rowohlt 2009
Die kompetente Familie. Beltz 2019
Elterncoaching. Gelassen erziehen. Beltz 2019
Familienberatung. Kösel 2015
Frag Jesper Juul – Gespräche mit Eltern. Beltz 2012
Frau und Mutter: Ein solidarischer Essay aus der Perspektive eines Mannes. familylab Schriftenreihe 2014
Grenzen, Nähe, Respekt. Rowohlt 2009
Kinder sind Geschenke für die Welt. Kösel 2016
Leitwolf sein, familylab Schriftenreihe 2014
Mann und Vater sein. Herder 2017
Miteinander. Wie Empathie Kinder stark macht. Gemeinsam mit Peter Høeg. Beltz 2017
Nein aus Liebe: Klare Eltern – starke Kinder. Beltz 2019 (auch als Hörbuch)
Pubertät – wenn Erziehen nicht mehr geht. Gelassen durch stürmische Zeiten. Kösel 2010
Schulinfarkt. Was wir tun können, damit es Kindern, Eltern und Lehrern besser geht. Kösel 2013
Unser Kind ist chronisch krank. Ein Ratgeber für Eltern. Beltz 2014

Vier Werte, die Kinder ein Leben lang tragen. Gräfe und Unzer 2014
Vom Gehorsam zur Verantwortung. Für eine neue Erziehungskultur. Gemeinsam mit Helle Jensen. Beltz 2019
Was Familien trägt: Werte in Erziehung und Partnerschaft. Beltz 2016
Was gibt's heute? Gemeinsam essen macht Familien stark. Beltz 2016
Wem gehören unsere Kinder? Dem Staat, den Eltern oder sich selbst? Ansichten zur Frühbetreuung. Beltz 2017
Werte in Familie und Partnerschaft. familylab Schriftenreihe 2014
Wollen wir wirklich starke und gesunde Kinder? familylab Schriftenreihe 2014

Bücher von Mathias Voelchert

Chancen verlieben sich. Edition + Plus 2014
Ich geh aber nicht mit zum Wandern! Die 50 häufigsten Familienkonflikte und wie Sie da gut wieder rauskommen. Mit Andrea Kästle. Kösel 2014
Liebevolle elterliche Führung. Das Praxisbuch. Beltz 2017
Trennung in Liebe. Kösel 2019
Zum Frieden braucht es zwei, zum Krieg reicht einer. Wie Paare Konflikte in Liebe lösen. Kösel 2016

DVDs mit Jesper Juul

Zu beziehen über www.familylab.de

5 Grundbausteine für eine Familie. Mit Jesper Juul
Kinder, Familien, Schulen unter Druck. Mit Jesper Juul
Gibt es unerreichbare Jugendliche – oder sind unsere Arme zu kurz? Mit Jesper Juul, Bernhard Bueb und Rupert Voß

Penguin Random House Verlagsgruppe FSC® N001967

6. Auflage 2021
Copyright © 2015 Kösel-Verlag, München,
in der Penguin Random House Verlagsgruppe GmbH,
Neumarkter Str. 28, 81673 München
Umschlag: Weiss Werkstatt München
Umschlagmotiv: © Quang Ho/shutterstock
Druck und Bindung: GGP Media GmbH, Pößneck
Printed in Germany
ISBN 978-3-466-31050-0
www.koesel.de

familylab – die familienwerkstatt

familylab macht gute Eltern, Lehrer, Mitarbeiter besser – familylab ist die unabhängige, internationale Organisation für Beratung und Kompetenzentwicklung in Familien, Schulen und Unternehmen. In der familienwerkstatt sind wir Spezialisten darin, Vorträge und Seminare zu gestalten, in denen Eltern und professionelle Fachleute Anregungen und Ideen zu ihrer Arbeit finden können. Und um die bestmögliche Chemie innerhalt der Familie, zwischen Kindern und Erwachsenen wie auch in Beziehungen innerhalb von Schulen und Betrieben zu schaffen.

familylab in der Schweiz:
familylab.ch

familylab in Österreich:
familylab.at

familylab Association:
www.familylabassociation.com

familylab.de
die familienwerkstatt
Mathias Voelchert GmbH   Tel: 09962 / 203 51 10
Oberbucha 4   info@familylab.de
94336 Windberg   www.familylab.de

Im Dialog bleiben

»Ein sehr einfühlsames Buch. [...] Als kleiner Tipp: man profitiert besonders, wenn man dieses Buch schon vor Beginn der Pubertät der Kinder liest.«

Deutschlandradio Kultur

 Kösel

www.koesel.de